예수, 구원의 스승

ANSELM GRÜN

JESUS — LEHRER DES HEILS
Das Evangelium des Matthäus

Copyright © 2002 Kreuz Verlag GmbH & Co. KG Stuttgart
All rights reserved

Translated by LEE Seong Woo
Korean translation copyright © 2004 by Benedict Press
Waegwan, Korea

Published by arrangement with Kreuz Verlag, Stuttgart

예수, 구원의 스승
2004년 5월 초판 | 2023년 6월 6쇄
옮긴이 · 이성우 | 펴낸이 · 박현동
펴낸곳 · 성 베네딕도회 왜관수도원 ⓒ 분도출판사
찍은곳 · 분도인쇄소
등록 · 1962년 5월 7일 라15호
04606 서울 중구 장충단로 188(분도출판사 편집부)
39889 경북 칠곡군 왜관읍 관문로 61(분도인쇄소)
분도출판사 · 전화 02-2266-3605 · 팩스 02-2271-3605
분도인쇄소 · 전화 054-970-2400 · 팩스 054-971-0179
www.bundobook.co.kr
ISBN 978-89-419-0409-0 03230

이 책의 한국어판 저작권은
Kreuz Verlag과의 독점 계약으로 분도출판사에 있습니다.
저작권법에 의해 한국 내에서 보호를 받는 저작물이므로
무단 전재와 무단 복제를 금합니다.

안셀름 그륀

예수, 구원의 스승

마태오 복음 묵상

이성우 옮김

분도출판사

예수, 구원의 스승 • 차 례

입문_7

마태오 복음서의 저자 • 7
마태오는 교사다 • 14
마태오 복음서의 윤리적인 차원 • 19
마태오 복음은 오늘 우리를 위한 복음이다 • 24

해석_29

전사前史(1-2장) • 29
예수의 유혹사화(4,1-11) • 40
산상설교(5-7장) • 45
파견설교(10장) • 70
세례자가 보낸 사람들(11,1-19) • 80
예수의 찬양기도(11,25-30) • 86
하늘나라에 대한 설교(13장) • 90
예수께서 물 위를 걸으시다(14,22-33) • 98
베드로의 메시아 고백(16,13-28) • 104
성전세에 관한 말씀(17,24-27) • 114

공동체의 규칙들(18장) • 119
포도원 주인 비유(20,1-16) • 128
혼인잔치 비유(22,1-14) • 134
율사와 바리사이들을 나무라시는 말씀(23장) • 142
열 처녀 비유(25,1-13) • 155
달란트 비유(25,14-30) • 163
최후 심판(25,31-46) • 169
예수의 수난사(26-27장) • 176
예수의 부활(28,1-15) • 192
부활하신 분의 위탁(28,16-20) • 197

결론 • 203
참고 문헌 • 208

입문

마태오 복음은 교회적 복음으로 알려져 있다. 마태오 복음은 초대교회가 가장 선호하던 복음이고 전례 중에 가장 자주 봉독되고 풀이되던 복음이다. 예수의 활동이 계속 이어지는 장소가 마태오에게는 바로 교회, 구체적인 그리스도인 공동체라고 초대교회는 이해했다. 교회가 예수에 대해 올바르게 이야기하고, 그분의 복음을 이해하고, 그분의 지침을 따를 때만, 교회는 이 세상에서 그리스도의 증거가 된다. 그럴 때만 교회는 하느님에게 현양되신 분, 그리스도께서 오늘 이 세상에서 활동하실 수 있는 장소다.

마태오 복음서의 저자

마태오 복음서의 저자가 누구인가를 우리는 말할 수 없다. 대부분의 성서 주석가들은 마태오 복음서의 저자가 고등교육을 받은 2세대 유다계 그리스도인이었을 것으로 받아들인다. 그는 고급 그리스어를 말한다. 유다계 그리스도인인 그는 이방인들에게도 개방적인데, 복음은 그들에게도 똑같이 유효하다. 자기를 마태오라고 부르는 저자는 복음서를 아마도 80년과 90년 사이에 안티오키아에서 저술한 것 같다. 안티오키아는 그리스도인들이 유다인들, 그리스인들 그리고 다른 민족 집단들과 함께 살던 도시다.

마태오 복음서의 저자는 헬레니즘적이고 유다교적인 환경에서 복음을 집필했는데, 유다교적인 요소가 더 강하게 작용했다. 우리는 마태오 복음에서처럼 그토록 강하게 유다교 율법과 논쟁을 벌이는 모습을 다른 어느 복음에서도 찾아볼 수 없다. 다른 어떤 복음서 저자도 마태오 복음 저자처럼 예수를 그토록 유다교 내의 범위에서 묘사하지 않는다. 마태오 복음서에서 예수께서는 율법을 권위 있게 풀이하는 분이시다.

그러나 동시에 우리는 유다인들, 특히 바리사이들과 율법학자들에 대한 신랄한 비판도 다른 복음서에서는 찾아볼 수 없다. 유다인들에 대한 신랄한 비판은 성서 해석의 역사에서 종종 불행한 영향을 끼쳤다. 많은 논쟁 구절들은 그리스도교적인 반유다이즘을 발전시키는 데 이용되었다. 그러나 반유다이즘은 마태오 복음에 정면으로 반대된다. 왜냐하면 마태오 복음의 최대 관심사는 유다교와의 연속성을 유지하는 데 있기 때문이다. 그리스도인 공동체는 유다교 회당의 합법적인 후계자다. 예수께서는 유다교 랍비들처럼 한 분의 스승이지만, 이분의 가르침은 하느님의 참된 뜻에 어긋남이 없다는 점에서 구분된다.

이스라엘에게 주어진 약속이 예수에게서 실현되었다. 따라서 예수께서는 이스라엘 백성에 대립해 있지 않고 백성 안에 있다. 그분은 당신 백성을 위해 하느님의 뜻을 권위 있게 풀이하고, 종종 타락의 역사이기도 했던 신앙의 역사에서 이스라엘에게 늘 약속되었던 것을 당신 행동을 통해 실현하셨다. 그렇기 때문에 마태오보다 구약성서를 더 많이 인용한 복음서 저자는 없다. 마태오는 독자들의 신앙을 강화하는 것만으로 만족하지 않는다. 그의 또 다른 관심은 예수 그리스도를 구약성서에 나타나는 약속의 실현으로 이해하는 것이다. 마태오는 구약성서를 인용할 때, 늘 다음과 같은 말로 시작한다. "이리하여 이사야 예언자를 시켜 하신 말씀이 이루어졌다"(4,14; 다음 구절도 유사하다: 1,22; 2,15.17.23; 8,17; 12,17; 13,35; 21,4; 27,9). 약속이 이루어졌음을 증명하려는 이런 실현 인용문들에서 복음서 저자의 신학과 예수에 대한 이해가 드러난다. 예수에게서 어둠 속에 살고 있는 사람들에게 하느님의 빛이 비친다(4,14). 예수께서는 이사야가 그린 하느님 종의 모습을 실현하신다. 예수께서 병자들을 치유하실 때, 다음과 같은 하느님의 종에 대한 말씀이 실현된 것이다. "그분이 몸소 우리 병고를 떠맡고 질병을 짊어지셨다"(8,17). 예수께서는 사람들을 신중하게 대하신다. 그분은 다투거나 소리 지르지 않는다. 그분은 꺾인 갈대를 잘라 버리지 않고 일으켜 세운다(12,17-21). 예수께서는 "창세 때부터 숨겨진 것"(13,35)을 가르치신다. 그분은 창조의 실재와 창조 안에서 인식될 수 있는 하느님의 신비를 볼 수 있도록 우리의 눈을 열어 주신다. 그러나 인간은 그 신비를 모른 채 살아왔다. 예수께서는 하느님의 신비와 인간의 신비를 볼 수 있도록 우리를 인도하신다. 그분은 하느님 나라를 무리 없이 건설하시는 온유하고 평화로운 왕이시다(21,4 이하).

바리사이들과 율법학자들에 대한 신랄한 비판은 마태오 복음이 형성된 역사적 상황 속에서 이해되어야 한다. 즉, 유다전쟁[1] 후에는 바리사이들만이 유다교의 핵심적인 그룹이었다. 사실상 사두가이들, 열성당원들, 에세네파들은 더 이상 존속하지 않았다.

---

[1] 유다전쟁은 66~73년 사이에 유다의 열성 당원들이 로마제국의 점령군에 대항하여 벌였던 전쟁이다. 73년 마사다(Masada)가 점령됨으로써 유다전쟁이 종결되었다 — 역자.

로마인들에게 패한 유다인들은 얌니아 회의[2]에서 새롭게 결속을 다지려고 시도했다. 이 회의에서 유다계 그리스도인들은 공식적으로 회당에서 추방되었다. 열여덟 개로 이루어져 있는 대청원기도에 다음과 같은 기도가 들어 있다. "배신자들에게는 희망이 없도다. 오늘날 잘못된 왕국을 속히 제거하소서. 그리스도인들과 이단자들은 당장 죽음에 이르게 하소서. 그들의 이름을 생명의 책에서 지워 주시고, 의인들과 함께 적혀 있지 않게 하소서"(Grundmann 32). 이런 역사적인 배경을 염두에 두면, 마태오가 바리사이들에 대한 예수의 비판을 불행 선언으로 첨예화시키고 예수 자신보다 훨씬 더 멀리 나아간 것을 이해할 수 있다. 바리사이들과 율법학자들에 대한 신랄한 비판 중에서 많은 점들이 시대 상황과 연관되어 있다. 따라서 이 불행 선언들이 이들 유다인 집단에 대해서 일방적으로 부정적인 이미지를 만드는 방향으로 오용되어서는 안 될 것이다. 다른 한편 마태오 복음에서 바리사이와 율법학자는 그리스도인 공동체 안에서 법 위에 있으면서 사람들에게 예수의 복음이 아니라 자기 자신의 말을 전하는 교사 집단이 발전할

---

[2] 얌니아 회의는 90년경 얌니아(Jamnia)에서 개최된 유다 랍비 최고회의였고, 이 회의에서 "모세오경", "예언서", "그 외 문서들"(성문서)이 경전으로 최종 확정(총 39권)되었다 — 역자.

수 있다는 위험의 상징으로도 등장한다.

성서 주석가들은 예수와 관련된 사건을 해석하고 이해하는 데 구약성서를 끌어들인 그리스도교적 학파가 마태오 복음 저자의 배후에 있다고 추측한다. 분명 마태오 혼자는 아니다. 그가 집필한 것은 공동체 신학의 표현이다. 그렇지만 마태오는 자신의 복음서를 절묘하게 구성하고 세심하게 기록한 독자적인 저자다. 그는 복음서를 집필할 때, 훌륭한 그리스어를 구사하지만 계속해서 히브리적 사고, 히브리적 시詩와 연관시킨다. 그는 반명제, 대조법, 특정한 양식의 반복과 같은 전형적인 문장 기법을 이용하고, 이야기와 말씀을 한 양식으로 마무리짓기를 즐긴다.

마태오는 이미 그리스도교 신앙인이 된 자기 공동체를 위해서 복음서를 집필한다. 그래서 그에게 관건은 어떻게 하면 예수의 제자가 될 수 있는가의 문제가 아니라, 제자의 자격과 신분을 어떻게 보존할 수 있는가의 문제다. 관건은 어떻게 믿음에 도달할 것인가의 문제가 아니라, 어떻게 믿음을 근거로 살 것인가의 문제다. 그래서 요한 복음이 믿음 아니면 불신이라는 양자택일을 말하는 것과 달리, 마태오 복음은 약한 믿음 아니면 강한 믿음이라는 양자택일을 말한다. 마태오는 복음서로 자기 공동체의 신앙을 강화시키고자 한다.

마태오는 제자됨을 그리스도인의 본질이라고 본다. 그가 복음서에서 제자들에 관하여 이야기할 때, 그들은 항상 그리스도인의 전형典型, 원형原型을 가리킨다. 제자들처럼 그리스도인들도 여러 가지 위험, 즉 예수를 배반할 위험과 이해하지 못할 위험 그리고 그분을 왜곡하거나 그들 자신의 관념에 맞추고 싶은 위험에 처해 있다. 바로 그래서 마태오는 자기 공동체에게 심판관으로서의 예수의 이미지를 그려 준다. 이런 이미지는 오늘 우리에게 위협적으로 보인다. 선인과 악인이 구별되는 최후 심판에 대한 이야기를 읽을 때, 많은 성서 독자들은 두려움을 느낀다. 그러나 마태오는 독자들에게 공포감을 주기 위해서가 아니라 행동의 결과를 보여 주기 위해서 심판의 이미지를 이용한다. 우리 그리스도인 실존의 근본 핵심은 하느님께서 우리를 조건 없이 사랑하신다는 것이다. 하지만 이 사랑의 체험은 하느님 뜻에 맞는 삶으로 표현되어야 한다. 우리가 예수의 말씀과 하느님의 뜻을 무시하면, 우리 자신을 간과하는 삶을 살게 되고, 그러면 우리가 우리 자신에게 상처를 주게 된다. 심판에 대한 설교는 따라서 경고의 말씀이다. "당신의 삶을 진지하게 여기십시오! 당신의 삶은 한 번뿐입니다. 잠든 채 당신의 삶을 허비할 수 있습니다. 깨어나십시오. 그리고 참되게 사십시오!

하느님의 뜻과 당신의 참된 본질에 맞게 사십시오!"

마태오는 교사다

마태오는 자신을 공동체의 구성원들이 구체적인 삶에서 부딪치는 질문들과 문제들에 답을 주는 교사로 생각한다. 그는 자기가 교사라는 것을 예수의 입을 빌려서 말하는 다섯 개의 설교에서 보여 준다. 마태오는 체계적인 인물이다. 그는 마르코 복음과 예수어록(Q)에서 전수한 많은 말씀들을 다섯 개의 설교로 정리한다. 다섯 가지 설교는 모세오경을 연상시킨다. 예수께서는 새로운 모세다. 그는 모세가 이스라엘 백성에게 전해 준 율법을 새로운 방식으로 선포하고, 그것을 그리스도인 공동체를 위해 해석한다. 마태오는 이스라엘 백성에게 전승된 구약성서와 이를 권위 있게 해석한 예수의 복음을 연결한다. 많은 성서 주석가들은 마태오가 13장 52절에서 자신의 초상화를 그렸다고 믿는다. "하늘나라의 제자가 된 모든 율사는 자기 곳간에서 새것과 헌것을 꺼내 주는 집주인과 비슷합니다." 마태오는 유다교의 율사 전통에서 성장한 것 같지만, 하늘나라의 제자가 되었다. 그래서 그는 유다교 전통의 구약성서와 예수 복음의 신약성서에서 자기 공동체의 교화에 도움이 될 만한 모든 것을 취한다.

마태오는 유능한 교사다. 그는 수집한 자료를 체계적으로 정리한다. 이 정리 작업에서 그는 의식적으로 수의 상징을 이용한다. 마태오는 완전성과 충만의 상징으로서의 숫자 삼(3)을 좋아한다(1,2-17: 세 번의 십사 대; 6,1-18: 세 가지 방식의 신심생활). 마태오에게 중요한 또 다른 수는 변모의 숫자인 칠(7)이다(13장의 일곱 가지 비유와 23장의 일곱 가지 불행 선언). 십(10)이라는 수는 온전함의 상징이다. 마태오는 예수의 열 가지 기적을 전하는데, 이 열 가지 기적사화에서 예수께서는 인간을 하느님께서 생각하셨던 원상대로 복구시켜 주시고, 상처받고 찢긴 인간을 치유하고 온전하게 해 주신다. 열둘은 완전한 공동체의 상징이다. 그래서 예수께서는 열두 사도를 뽑으신다.

교사로서의 마태오에게서 중요한 관점은 두 가지다. 마태오는 스승은 오직 한 분, 그리스도뿐이시라는 것을 잘 알고 있다. 그래서 아무도 공동체에서 스승이라고 불릴 수 없다. 공동체는 형제 관계이고 자매 관계다. 아무도 다른 사람 위에 군림할 수 없다. 공동체에는 여러 직무가 있지만, 함께 길을 가면서 스승이신 예수 그리스도의 말씀을 듣는 형제 · 자매의 공동체성이 이러한 직무에 우선한다. 교회 전통은 복음서 저자의 이 시각을 다음과 같은 방식으로 심화시켰다. 즉, 교회 전통은 이 복음서를 세리였던 마태오, 예수에 의해 세리와 죄인으로서 불림받은 마태오의 저작으로 인정함으로써 공동체성이 직무에 앞선다는 시각을 심화시켰다. 복음서를 집필하는 율사 마태오는 자신의 과거 신분을 잘 알고 있다. 그는 세리로서 예수의 제자가 되었고 예수의 가르침을 받았다. 마태오가 유일무이한 스승이신 그리스도와 죄인으로서 불림받은 자기 자신에 대해서 그린 이미지는 모든 설교가들에게 자신을 다른 사람보다 높게 보아서는 안 되고 다른 사람들과 함께 예수의 신비와 아버지 하느님의 신비를 묵상하고 설명하라는 경고가 된다.

다른 관점은 마태오 복음의 구성에서 드러난다. 설교 다음에는 항상 행동이 뒤따른다. 예수의 말씀 다음에 그분의 행적이 뒤따른다. 예수께서 하시는 행동은 그분이 하신 말씀을 풀이하고 확인한다. 말씀과 행적은 서로를 보완하고, 서로의 의미를 풀이한다. 예수께서는 하나의 계명 체계를 세우는 스승이 아니라, 가르침을 자신의 삶으로 증명하고 확증하는 스승이다. 그래서 그의 가르침은 결코 윤리적이지 않다. 그의 가르침은 오히려 그분 자신의 행위가 무엇을 의미하는지 해석한다. 역으로 마태오는 예수의 행위에 대한 묘사를 통해서 그분의 가르침이 어떻게 이해되어야 하는지 구체적으로 보여 준다. 산상설교(5-7장) 다음에 열 가지 기적사화가 이어진다 (8-9장). 이로써 마태오는 열 가지 기적을 이스라엘이 이집트로부터 탈출한 사건과 연관시키는데, 유다교 전승에 의하면 탈출할 때 열 가지 기적이 일어났다고 한다. 산상설교와 열 가지 기적은 예수께서 — 유년기사화에서 이미 암시하듯이 — 당신 백성을 약속의 땅, 하느님 나라로 인도한 새로운 모세라는 것을 뒷받침해 준다. 예수의 가르침과 병자 치유는 죽음의 그늘 밑에 사는 사람에게 구원을 가져다주는 빛을 발한다.

파견설교(10장) 다음에는 예수께서 당신의 파견을 어떻게 이해하셨는가를 묘사하는 이야기들이 이어진다(11-12장). 하늘나라의 비유에 대한 세 번째 설교 다음에는 빵 다섯 개와 물고기 두 마리로 오천 명을 먹이신 이적사화, 물 위를 걸으신 이야기, 베드로의 메시아 고백 이야기, 예수의 거룩한 변모 이야기와 같은 하늘나라의 도래를 구체화하는 이야기들이 뒤따른다. 공동체 내에서의 공동생활에 대한 설교(18장)에 이어지는 이혼과 재산의 포기(19장) 그리고 그리스도인 공동체 내에서의 지배와 봉사에 대한 이야기 (20,20-28)가 설교를 구체화시킨다. 마지막 설교, 즉 율법학자들과 바리사이들에 대한 불행 선언(23장)과 세상 종말에 대한 설교(24-25장) 다음에는 예수의 수난과 부활 이야기가 이어진다. 예수의 수난과 부활 이야기는 세상 종말에 대한 설교를 풀이한다. 죽음을 통해서 예수의 활동이 가지는 의미는 전 인류와 전 우주로 확대되고, 여인들과 제자들 앞에서 이루어진 부활하신 분의 현현과 갈릴래아의 산 위에서 이루어진 마지막 계시는 그분의 재림을 선취한다. 죽음을 통과하신 예수께서 벌써 다시 오신 것이다. 그분은 이제 세상 종말까지 제자들 곁에 계실 것이다. 그분은 전사前史(1,23)에서 약속된 대로 임마누엘, 곧 "하느님께서 우리와 함께 계시다"이다. 예수께서 24장에서 말씀하시는 마지막 재림은 부활에서 이미 이루어진 것을 완성할 뿐이다.

마태오는 예수의 교훈 설교를 우리에게 전하는 교사만은 아니다. 그는 오히려 예수의 말씀들과 행적들을 절묘하게 서로 연결하고 예수 그리스도의 신비를 해석하는 한 사람으로서 가르친다. 즉, 마태오의 이야기들도 가르침이다. 그런 이야기들을 통해서 예수 그리스도가 우리에게 어떤 분이신지 선명해진다. 예수 그리스도께서는 구원자요 구세주이시다. 그분은 새로운 하느님 백성을 당신 주위에 모으시고, 현세의 시간을 통과하여 지금 이미 시작되었고 세상 종말에 모든 이에게 드러나게 될 하늘나라로 인도하시는 메시아이시다. 예수께서 가르치시는 것은 구약성서를 해석하는 특별 교육을 받아서가 아니라, 깊은 영적 체험을 하셨기 때문이다. 예수의 의식은 하느님은 당신의 아버지이시고, 당신은 하느님의 아들이시라는 내적 체험으로 각인되어 있다. 예수께서는 당신의 가르침을 통해서 바로 그 체험을 우리와 공유하고 싶으신 것이고, 우리가 하느님의 아들과 딸이라는 것을 느끼게 하고 싶으신 것이다.

마태오 복음서의 윤리적 차원

마태오는 "구체적인 가르침"만을 중시하는 교사가 아니다. 그의 관심은 윤리에 있다. 마태오처럼 예수의 복음을 그렇게 윤리적인 도전으로 이해한 복음서 저자는 없다. 마태오에게 그리스도인임은 올바른 신앙 조문을 고백하고 올바르게 기도하는 것으로 끝나지 않는다. 행동을 통해 그리스도인의 신앙이 드러나는 것이 중요하다. 여기서 마태오는 개인 생활만이 아니라 그리스도인 공동체 안에서의 구체적인 공동생활을 두고 말한다. 공동체가 함께 사는 모습을 보고 외인들은 공동체가 그리스도를 증거하는지 아니면 그리스도를 가리는지 알게 된다. 마태오에게는 무엇보다도 "원수 사랑"과 "새로운 정의"가, 예수 그리스도를 통해 온 세상을 변모시키고 구원할 새로운 무엇이 왔다는 것을 세상이 알아볼 수 있게 하는 준거다. 그러나 마태오는 그리스도인들이 너무 자주 이 요청에 부합하지 않는 것 때문에 고통을 겪는다. 그래서 그는 그리스도인들에게 예수의 지침을 받아들이고 실제로 따르라고 계속해서 경고한다. 초대교회는 그리스도인들이 보여 주는 이 새로운 생활 태도가 예수를 통해서 이 세상에 온 유일무이한 무엇을 증명한다고 보았으며, 이 때문에 마태오 복음이 가장 넓게 유포되어 있었다. 종교개혁 시대에는 마태오 복음이 뒷전으로 밀려나고, 오직 믿음에 의한 의화를 선포하는 바울로가 전면에 부각되었다. 종교개혁 시대의 상황은 초대교회와 달랐는데, 이제 관건은 이교적인 주변 세계에 그리스도인의 증거를 보여 주는 것이 아니라, 그리스도교의 핵심이 무엇이냐 하는 것이었다. 그것은 우리가 예수 그리스도 안에서 만나는 무조건적인 은총의 체험에 있다.

 마태오는 자신을 새로운 법칙의 대표자로 생각하지 않는다. 그가 예수의 윤리적인 복음을 선포하는 것은 윤리적인 복음이 그리스도인 공동체의 삶에 도움이 되기 때문이다. 즉, 그리스도인 공동체가 "모든 윤리적인 기준이 흔들리던 세상에서"(Grundmann 36) 살아남으려면 분명한 생활 규범이 있어야 했기 때문이다. 예수께서 권위 있게 해석하시는 율법은 마태오에게는 바울로의 경험처럼 인간에게 무거운 짐이 되고 죄에 빠지게 하는 무엇이 아니다. 율법의 올바른 해석은 오히려 공동체가 "하느님의 뜻을 알아듣고 행하기 위해서 필요한 하느님의 도움이다"(Grundmann 38). 마태오는 여기서 율법은 하느님의 은혜로운 선물이라는 구약성서의 신학을 전수한다. 율법은 인간을 위한 축복이고 참된 삶을 전해 준다. 그러나 많은 유다교 랍비들이 하느님의 법을 잘못 해석했다고 마태오는 생각한다. 그래서 우리 인간을 위한 하느님의 참된 뜻, 즉 인간의 삶과 구원을 원하시는 뜻을 제대로 인식하기 위해서는 예수께서 하신 권위 있는 율법 해석이 필요하다. 예수께서는 종교 의례와 제례에 아무런 가치도 부여하지 않는다. 오히려 그런 것들에 대해서는 비판적이다. 예수께서 성전 전례에 참여했다는 보도는 없다. 하지만 그분은 규칙적으로 회당 전례에 참여하신 것 같다.

예수께서는 율법 전체를 하느님 사랑과 이웃 사랑의 이중 계명으로 요약하고 이웃 사랑을 원수 사랑으로 첨예화한다. 율법 전체의 목표는 인간이 사랑할 능력을 갖추는 데 있다. 왜냐하면 "사랑하는 사람만이 삶에 온전하게 참여하기 때문이다"(Limbeck 276). 인간은 최후 심판 때 사랑을 준거로 판가름될 것이다. 그리고 그리스도인이 예수의 요청을 따랐는지 아니면 따르지 않았는지도 사랑을 기준으로 측량될 것이다. 그러나 예수께서는 새로운 입법자일 뿐 아니라 법을 따르는 사람들의 도우미이자 구원자다. 그분은 그들 곁에 계시다. 예수께서는 그들에게 세상이 끝나는 날까지 항상 곁에서 도와주고 구해 주시겠다고 약속하신다.

루가 복음도 예수 복음의 윤리적인 차원을 말한다. 그러나 루가와 마태오는 예수의 말씀을 윤리적으로 해석하는 데서 서로 다른 점을 강조한다. 그리스 도시 공동체의 중류사회 출신인 루가는 무엇보다도 재산 분배에 관심이 있다. 그는 그리스도인들이 자기 소유 재산을 움켜쥐고 있다면 그것이 그리스도교 복음을 가장 심각하게 왜곡시키는 것이라고 보았다. 여기서 필요한 답은 가난이다.

마태오는 인간에게 가장 커다란 위험은 인간 사회를 관통하는 분쟁과 균열이라고 본다. 이 균열은 증오심과 복수심으로 인해 계속 깊어지고 결국 세상을 분열시킨다. 따라서 가장 중요한 윤리적 요청은 용서와 화해를 위한 마음의 준비 자세이고, 가장 중요한 계명은 원수에 대한 사랑까지 내포하는 사랑의 계명이다. 마태오 복음서의 예수께서는 분쟁에 대해서 폭력으로 대응하지 말고 비폭력과 사랑으로 대응하라고 권고한다. 그분은 수난을 받을 때 폭력과 힘의 포기가 세상을 깊이 변모시키고 치유한다는 모범을 보여 준다.

그리스도교 역사에서 마태오 복음은 종종 법적으로 해석되었다. 사람들은 예수께서 해석한 산상설교의 계명들을 논거로 제시하면서 신자들에게 무리한 요구를 했다. 하지만 마태오는 바리사이들에 대한 비판에서 자기 복음서를 그렇게 법적으로 해석하는 것을 경고한다. 그가 예수의 영 안에서 선포하는 구체적인 지침들은 영적인 체험, 즉 우리는 예수를 통해서 하느님의 아들과 딸이 되었다는 영적인 체험의 표현이다. 하느님 안에 존재하는 것과 하느님을 근거로 존재하는 것이 무엇인지 가슴 깊이 깨달은 사람의 생활은 달라질 것이다. 예수의 구체적인 지침들은 마태오에게 영적 체험의 표현임과 동시에 자신의 체험이 맞는지 아니면 하느님을 자기 자신에게 맞춘 것인지 판단할 수 있는 준거이기도 하다. 마태오에게 종교적인 차원과 윤리적인 차원은 불가분의 관계에 있다.

이 내적인 연관성은 오늘날 우리에게도 유익하다. 극기 없는 신비주의는 인간을 병들게 하고, 마찬가지로 신비주의 없는 극기는 인간을 내적으로 분열시킨다. 마태오는 예수를 우리의 상처를 치유하는 치유자로 묘사한다. 마태오 복음서에서 예수께서는 눈먼 사람 둘과 악령 들린 두 사람을 치유하신다. 마태오가 병자를 두 명으로 확대하는 것은 둘 중 한 명이 우리 자신임을 보여 주기 위함이다. 마태오는 치유의 기적을 마르코처럼 그렇게 상세하게 묘사하지 않는다. 그에게 중요한 것은 오직 예수와의 치유적인 만남이다. 예수가 산상설교에서 하느님의 뜻을 권위 있게 풀이하실 때와 그분이 우리에게 치유의 말씀을 하실 때 그리고 치유하시는 손길로 우리를 만지실 때, 우리는 치유하시는 예수를 만난다. 우리에게 새로운 생활을 요청하시는 예수께서는 동시에 우리의 고통을 짊어지시고 우리의 병을 거두어 가시는 예수이시다(8,17 참조).

마태오 복음은 오늘 우리를 위한 복음이다

오늘 우리에게 마태오는 무엇을 말할 수 있는가? 우선 마태오 복음서는 교회를 위해서 고군분투하는 복음이라고 나는 생각한다. 교회는 좋은 평판을 많이 상실했다. 대중매체는 대부분 교회의 부정적인 뉴스에만 관심을 보인다. 교회는 자기 주변만 맴돌아서는 안 될 것이다. 교회는 세상을 위한 누룩이고 세상의 소금이며 빛이다. 교회는 온 세상을 위해 파견되었고, 이 세상에 대한 책임을 잊어서는 안 될 것이다. 증오가 보복 증오를 불러오고, 너무나 자주 종교에 뿌리를 둔 폭력이 난무하는 바로 오늘날, 마태오 복음은 적대감이 사랑으로 극복되고, 폭력이 비폭력에 의해 정복되는 길을 우리에게 보여 준다. 만약 교회가 마태오의 지침을 따르고, 예수께서 말씀하신 새로운 공동생활을 위해 노력한다면, 교회는 이 세상에 평화가 가능하다는 희망의 징표가 될 것이다. 교회가 어떤 모습으로 더불어 사느냐는 것은 단순히 외적인 무엇이 아니다. 그런 모습에서 예수 그리스도께 대한 신앙의 힘이 나타난다. 예수께서는 오늘날에도 교회를 통해 활동하고자 하신다. 이것이 초대교회의 복음이었다. 예수께서는 팔레스티나의 구체적인 한 장소에서 살았다. 그분은 오늘날에도 구체적인 장소에서 경험되고자 하신다. 교회는 ― 마태오의 예감이 그랬고 그 이후에 많은 교부들도 그렇게 예감했다 ― 예수의 뜻에 의하면 그분이 늘 이 세상에서 체험될 수 있기를 바라시는 장場이다. 그분을 따르는 그리스도인들을 통해서 예수께서는 이 세상을 변모시키고 치유하고자 하신다.

둘째로 마태오 복음이 보여 주는 시사적인 의미는 복음의 윤리적인 차원이다. "영성"이라는 개념이 오늘날 점점 더 중요해지고 있고, 이 정신적인 흐름이 본격적으로 유행되었지만, 이 유행은 상당 부분 자아도취적인 측면을 지니고 있다. 사람들은 오직 자기 자신과 자신의 영적 체험에만 몰두해 있다. 하지만 자신의 생활은 변하지 않는다. 켄 윌버Ken Wilber의 책들을 네덜란드어로 번역한 프랑크 비서Frank Visser는 "영성이 아메리카에서 매우 퇴보적으로 이해되고 있는 것"(Wilber 15)을 몹시 염려한다. 오로지 느낌만이 관건이 되고 있다는 것이다. 윌버는 그가 옳다고 말한다. "아메리카에서 '영성적 르네상스'라고 하는 것들 중 많은 것이 실제로는 전이성적前理性的인 것 — 자아도취, 자아중심, 자기 칭찬 — 에로 퇴보하는 것을 의미한다"(같은 책 16). 그에 반해 마태오는 구체적인 생활로 표현되는 영성, 삶을 통해 이 세상을 함께 건설하는 영성, 이 세상을 누룩처럼 두루 퍼져 변모시키는 영성을 말한다. 영성이 참된 영성으로 증명되는 것은 그것이 새로운 공동생활을 가능케 하는 힘이 있을 때다. 오직 영성에 대해서만 이야기하는 영성 센터에서 인간관계는 종종 혼란스럽다. 사람들은 모든 것을 영성적인 것으로 파악할 수 있다고 생각하기 때문에 감정적인 얽힘을 간과하고 그럼으로써 점점 더 그 속으로 빠져 들게 된다. 마태오는 한 장章 전체를 공동체 안에서 이루어지는 공동생활에 대하여 쓰는 데 할애했다. 그것은 1세기 말엽 많은 그리스도인 공동체가 그랬고, 오늘날의 흐름과 비교될 수 있는 것처럼, 공동체가 열광적인 감정에 휘말리지 않도록 하기 위함이었다.

나를 매료시키는 마태오 복음의 셋째 측면은 자비의 강조다. "내가 반기는 것은 제물이 아니라 사랑이다." 마태오는 호세아 예언자의 이 말씀(호세 6,6)을 두 번(9,13; 12,7)이나 인용한다. 9장 13절에는 다음과 같이 씌어 있다. "가서들 '내가 원하는 것은 자비이지 제사가 아니다' 하신 말씀이 무슨 뜻인지 배우시오." "가서 배우시오", 이것은 교사의 어투다. 마태오가 말하고자 하는 것이 이것이다. "예수의 학교로 가시오. 당신이 거기서 배우는 가장 중요한 것은 자비입니다. 그분은 당신이 당신 자신을 작게 만들고 훼손시키는 희생 제사를 원하지 않습니다. 그분은 당신이 하느님의 자비에 감사하는 마음으로 당신 자신과 사람들에게 자비롭기를 바라십니다." 그리스도인은 예수께서 첨예화시킨 율법의 도전에도 불구하고 늘 하느님의 자비를 확신해야 할 것이다. 어디서나 규범 준수를 외치는 광신적인 그리스도인이 아니라 자비로운 그리스도인이 예수의 뜻에 걸맞은 그리스도인이다.

해 석

전사 前史 (1-2장)

루가가 예수의 유년사화를 이야기하는 것과 달리 마태오는 첫머리에 예수의 족보를 이야기한다. 그는 *Biblos geneseos Jesou Christou*(비블로스 게네세오스 예수 크리스투)라는 말로 시작한다. 이 말은 본래 "예수 그리스도의 생성에 대한 책"이라는 뜻이다. 여기서 마태오는 자신의 복음서를 창세기 2장 4절과 연결시킨다. "하늘과 땅을 지어내신 순서는 위와 같았다." 복음서 저자는 예수의 신비를 이런 말로 표현하고자 한다. 그는 어떻게 예수께서 탄생하셨는지 그리고 이분이 어떤 의미를 가지는지 묘사하고자 한다. 이스라엘의 역사는 하느님께서 아브라함에게 하신 약속으로 시작된다. "세상 사람들이 네 덕을 입을 것이다"(창세 12,3). 예수에게서 이 역사가 실현되었고, 하느님은 예수에게서 동시에 새로운 역사를 시작하신다. 하느님께서 한 처음에 하늘과 땅을 창조하셨듯이, 예수에게서는 창조의 의미이자 목표인 인간을 창조하셨다. 예수께서는 아브라함에게 약속된 것을 실현하신다. 즉, 그분은 미래의 모든 민족들에게 복이 될 것이다.

성서 주석가들은 오래 전부터 예수의 족보에 예외적으로 언급된 네 명의 여인들이 무엇을 의미할까에 대하여 고심했다. 그들은 다말, 라합, 룻 그리고 우리야의 아내 바쎄바다. 다말은 유다의 며느리였다. 그녀는 유다가 자기를 부당하게 대우한다고 느껴서 그의 자식을 얻으려고 창녀로 다가간다. 라합은 이스라엘 백성이 예리고 성을 점령할 수 있도록 도와준 창녀였다. 옛 주석에서 이 네 여인은 죄인으로 여겨졌다. 하지만 그것은 복음서 저자의 의도에 부합한다기보다 주석가들의 선입견에서 나온 해석이다. 네 여인 모두 이방인이다. 마태오는 복음서 첫머리에 열거한 예수의 족보에 이방인 여인 네 명을 포함시킴으로써, 예수가 온 인류를 받아들이셨고 이방인들에게도 구원이 주어졌음을 보여 준다.

네 명의 여인은 다섯째 여인, 마리아를 가리킨다. 마리아 역시 네 명의 여인들처럼 예수의 족보에 어울리지 않는다. 왜냐하면 예수의 족보는 마리아가 아니라 요셉이 종착점이기 때문이다. 그러나 마태오는 "그리스도라 하는"(1,16) 예수가 그녀에게서 태어났다고 쓰고 있다. 마리아는 다섯째 여인이다. 다른 여인들에게서 암시되었던 일이 마리아에게서 완성된다. 하느님은 여인들에게서 족보를 파기한다. 불규칙성이 규칙적인 순서에 들어온다. 우리는 여기서 인간의 잣대에 맞지 않는 하느님의 놀라우신 일을 보게 된다. 그리스도께서 흥망성쇠, 곧은 길과 굽은 길을 모두 포함한 인류 역사를 받아들이셨고 구원하셨다는 것을 알 수 있다. 하느님의 놀라우신 일은 마리아에게서 정점에 이른다. 하느님은 구원과 비구원의 역사 한가운데서 새롭게 시작하신다. 이것을 상징적으로 해석할 수도 있다. 마리아는 다섯째 여인이다. 다섯 여인들은 모세오경에 대비된다. 다섯은 사랑의 여신인 비너스의 수다. 사랑이 법을 완성한다. 미생물 세계에서 식물 세계와 동물 세계를 거쳐 인간 세계에 이르는 발전은 네 단계로 이루어져 있다. 다섯째 단계는 신적인 세계로 뛰어넘는 초월이다. 하느님 자신이 마리아에게서 사람이 되심으로써, 인류는 마리아에게서 자기 자신을 뛰어넘어 하느님과 접속한 것이다.

마태오는 예수 그리스도의 족보를 절묘하게 구성했다. 세 번의 십사 대! 삼과 십사 둘 다 상징적인 수다. 삼은 완전성을 상징하는 수이고, 십사는 치유와 변모를 상징하는 수다. 바빌론에는 열네 명의 보조 신들이 있다. 예수께서는 탄생을 통해 인류를 분열에서 구원하여 서로를 묶어 주셨다. 그분은 이 세상 안으로 들어오심으로써 너무나도 불행한 비구원의 역사였던 인류 역사를 치유하셨다. 세 그룹의 십사 대를 보면, 첫째 그룹은 다윗에게서 구세사의 정점에 이르고, 둘째 그룹은 바빌론 유배에서 최저점에 이르며, 셋째 그룹은 예수 그리스도의 오심에서 완성에 이른다. 이스라엘 역사의 모든 흥함과 망함이 예수 그리스도에 의해 관통되고 변모된다.

마태오는 예수 그리스도의 족보 다음에 예수 탄생의 정황과 새로 태어난 아기의 운명을 이야기하는 다섯 개의 이야기를 배치했다. 여기 또다시 다섯이라는 구성 원칙이 등장한다. 다섯은 인간의 완성과 연관성이 있다. 죄로 인해 자기 자신과 멀어진 인간은 예수에게서 다시 온전해지고 건강해진다. 마태오는 구약성서의 배경하에서 예수의 탄생사화를 이야기한다. 즉, 예수께서는 두 번째 모세로 묘사된다. 그분은 모세가 이스라엘에게 한 말을 실현한다. "너희 하느님 야훼께서는 나와 같은 예언자를 동족 가운데서 일으키시어 세워 주실 것이다"(신명 18,15). 마태오는 단순히 예수 탄생과 유아기에 대한 이야기만을 전하려는 것이 아니라, 모세 이야기를 배경에 두고 탄생사화를 묘사함으로써 이 이야기를 해석하고자 하는 것이다.

마태오 당대 이스라엘에 널리 알려져 있던 모세의 탄생사화와 유사한 이야기는, 요셉이 약혼녀 마리아의 임신 사실을 알고 나서 그녀를 걱정하는 내용으로 시작된다(Limbeck 33). 혼외 임신을 한 여자는 돌로 쳐 죽이게 되어 있었다. 요셉은 정의로운 사람이지만 맹목적으로 율법을 추종하지는 않는다. 그는 정의를 자비와 연결시킨다. 이것이 마태오에게는 중요한 동인動因이다. 만약 요셉이 오직 율법에만 집착했다면, 마리아를 돌에 맞아 죽게 내버려 두어야 했다. 하지만 요셉은 율법이 아니라 인간에게 정의롭고자 한다. 그는 정의를 자비와 결합시키는 바리사이파의 한 신학 조류를 대변한다. 그래서 요셉은 마리아에게 이혼장을 써 주고 약혼을 파기함으로써 율법과 자기 약혼녀 양쪽에게 떳떳하고자 한다. 그런데 요셉이 이런 인간적인 생각에 몰두해 있을 때, 천사가 꿈에서 그를 찾아온다. 천사는 요셉이 이성적으로는 이해할 수 없을지 모르지만 마리아에게 일어난 일의 의미를 알려 준다. 요셉의 약혼녀가 임신한 아기는 성령에 의한 것이다! 이 꿈에서 요셉은, 하느님께서 당신 백성을 위해 마련한 신비로운 계획을 천사로부터 전해 받는 하느님의 친구로 보인다. 마리아가 출산할 아기는 온 백성에게 중요한 인물이 될 것이다. 요셉은 마리아가 낳을 아기가 (율법에 따라) 자기 아들이 될 수 있도록 그녀를 아내로 맞아들여야 한다.

그런 다음 천사는 아기의 신비를 설명한다: 이 사건은 하느님의 일, 성령의 작용이다. 하지만 법적으로는 요셉이 아기의 아버지가 되기 때문에 아기에게 이름을 지어 주어야 한다. 마태오는 예수의 이름을 이렇게 풀이한다. "그분은 백성을 죄에서 구원하실 것이오"(1,21). 여기서 백성이란 이스라엘뿐 아니라 온 인류, 따라서 이방인도 의미한다. 다윗의 자손이신 예수께서는 새로운 백성을 만드시고, 그 백성을 죄의 구렁 속에서 구원하실 것이다. 여기에 벌써 마태오 복음의 중요한 동인 하나가 드러난다. 즉, 예수께서는 용서를 선포할 뿐 아니라 인간에게 죄의 용서를 받았다고 전권을 가지고 판결하신다. 예수께서는 인간을 하느님과의 공동체에서 분열시킨 죄에서 구원하신다.

예수에게서 메시아 약속이 실현된다. "동정녀가 몸가져 아들을 낳으리니 그 이름을 임마누엘이라 부르리라 했으니, 임마누엘은 '하느님이 우리와 함께 계시다'라는 뜻이다"(1,23). 하느님께서는 예수의 탄생에서 모든 사람을 위한 새로운 일을 시작하셨다.

하느님께서는 예언자들을 통해 이스라엘 백성에게 반복하신 약속, 즉 예루살렘을 새롭게 건설하시리라는 약속, 낡은 것은 지나가고 새로운 것이 오리라는 약속을 실현하셨다. 예수에게서 하느님 자신이 우리 곁에 그리고 우리와 함께 계시다. 하느님께서는 지상의 예수에게서뿐 아니라 현양되신 예수에게서도, 그리고 나아가 세상 종말까지 항상 당신 백성 곁에 계시다. 이렇게 예수의 탄생으로 역사가 완성되는 날까지 계속될 구원 사건이 시작된 것이다. 하느님께서는 예수에게서 항상 그리고 영원히 우리 곁에, 우리와 함께 계시리라는 확약을 주신 것이다. 예수 탄생의 묘사에서 마태오는 시작과 끝을 연결하는 예술을 보여 준다. 탄생에서 시작된 것이 부활하신 그리스도의 고별 말씀에서 확인된다. "나는 세상 끝날까지 항상 그대들과 함께 있습니다"(28,20).

마태오 복음서의 이런 섬세한 구성은 점성가들의 예방에 대한 이야기에서도 드러난다. 동방의 점성가들은, 복음서 끝에 제자들이 부활하신 분께 "경배하기 위해"*proskynein*(프로스퀴네인) ― 마태오는 이 단어를 예수께 대한 경배에만 유보한다 ― 무릎을 꿇듯이, 예수 아기 앞에 무릎을 꿇는다.

사람들은 옛날부터 동방 마법사들에 대한 이야기를 좋아했다. 마법사들은 본래 페르시아 사제들이지만 별자리를 보고 운세를 읽는 점성가들, 초자연적인 지식을 소유한 현인들이기도 하다. 그들은 별 하나를 보았다. 천문학자들은 7년에 물고기자리에서 목성과 토성이 근접했던 사실을 알고 있다. 목성이 왕의 별이고 토성이 팔레스타인의 별이었기 때문에 바빌론의 점성가들은 이 현상을 보고 이스라엘에서 왕자가 태어나리라는 것을 충분히 알 수 있었다. 그들은 "유다인 왕으로 나신 분이 어디 계실까?"(2,2)라는 물음을 품고 예루살렘으로 간다. 그들이 예수를 묘사하는 말은 복음서 종반부에 십자가에 달리신 분을 묘사하는 말과 똑같다. 이렇게 여기서 또다시 마태오의 구성력이 번뜩인다. 세상의 현인들은 예수가 유다인의 왕이라는 것을 알고 그분께 경배한다. 그러나 그분의 백성은 예수가 그들의 왕이라는 바로 그 사실 때문에 그를 로마인들에게 넘겨준다.

마법사들은 유다인의 왕좌에 앉아 있는 자, 배신할지도 모른다는 의심 때문에 자기 친아들들을 처형시킨 잔인한 폭군을 만난다. 예루살렘은 새로 태어난 왕을 고대하고 있다. 막강한 왕인 헤로데가 한 아기를 두려워하고 있다. 그는 경악한다. 이런 동인들은 사화에만 등장하는 것이 아니라 바흐Johann Sebastian Bach(1685~1750)의 성탄 오라토리오에도 등장한다. 바흐는 소프라노에게 다음과 같이 노래하게 한다. "그분의 손짓 한 번으로 강력한 인간이 무기력해집니다. 여기 모든 힘이 웃음거리가 됩니다!" 전설은 무엇보다도 마법사들에게 관심을 기울여 그들의 인생사를 그려 냈고, 그들의 길을 순례의 길로 풀이했다. 마법사들처럼 우리는 마음의 지평선에 떠오르는 갈망의 별을 따라간다. 그 별은 우리가 목표에, 어머니께서 아기와 함께 계신 집에, 진정한 고향에 도착할 때까지, 우리를 종종 복잡한 길로 인도한다. 전설에서 마법사들은 삼왕, 즉 젊은 왕과 늙은 왕 그리고 피부색이 검은 왕으로 그려진다. 말구유에서 아기를 발견하고, 아기에게 경배하려면, 인간의 모든 영역이 함께 가야 한다는 뜻이다. 왕들이 아기에게 경배하면, 순례 여정의 목표에 도달한 것이다. 그들이 신비 앞에 무릎을 꿇는 모습은 진실로 고향에 도착했음을 보여 준다.

　마법사들은 그들의 보물 상자를 열어 새로 태어난 왕께 황금과 유향과 몰약을 드린다. 황금과 유향은 이사야가 60장 6절에 열거한 봉헌물과 같다. 세 가지 제물은 태양신에게 드리는 봉헌물이기도 했다. 예수 그리스도에게서 이 세상을 비추는 참된 태양이 떠올랐다. 교부들은 마법사들이 가져온 세 가지 봉헌물을 상징적으로 해석했다. 황금은 진정한 왕으로서의 아기에게, 유향은 아기의 신성神性에 봉헌된 것이고, 몰약은 그분의 십자가 상의 죽음을 가리킨다. 혹은 그 봉헌물은 우리가 예수께 드려야 할 봉헌물의 상징이기도 하다. 그렇다면 황금은 우리의 사랑을, 유향은 우리의 갈망을 그리고 몰약은 우리가 지니고 가는 상처와 고통을 가리킨다. 우리는 어떤 성과와 업적을 드려야 할 필요가 없고, 늘 우리 안에 품고 있는 것들, 우리의 사랑, 우리의 갈망 그리고 우리의 상처를 구유에 누워 계신 아기 예수께 드려야 할 것이다. 하지만 몰약은 아픔만을 상징하는 것이 아니다. 약초로서 몰약은 상처의 치유를 위한 것이기도 하다. 우리의 현실을 구유에 계신 아기 하느님께 내드림으로써 우리의 상처가 치유되고, 갈망은 실현된다. 우리는 사랑을 봉헌할 뿐 아니라, 아기에게서 사람이 되신 하느님 사랑을 체험한다. 이 사랑이 낯선 이 세상 한가운데서 살고 있는 우리에게 고향이 된다. 그 사랑은 집 없는 사람들에게 고향을 선사한다.

이집트 피신과 헤로데가 꾸민 영아 살해 이야기는, 마태오가 예수의 탄생사화를 모세의 탄생사화와 병행해서 이야기하고 있음을 보여 준다. 모세도 파라오의 음모로부터 구원되었다. 파라오는 히브리 민족의 모든 사내아이를 살해하라고 명령하는데, 그것은 궁정 천문학자들의 예고, 즉 이스라엘을 구원할 구세주께서 탄생할 것이라는 예고를 듣고 두려웠기 때문이다. 모세와 같이 예수께서도 하느님께서 부르러 오실 때까지 낯선 땅으로 피신한다. 이집트는 이스라엘 사람들에게 피신처였다. 이집트는 마법의 나라로 통하기도 했다. 여러 유다교 문서들은 예수가 이집트에서 마법을 배웠다고 비난한다. 다른 문서들은 예수가 이집트의 지혜도 수용하여 유다교 전통과 결합시켰다고 해석한다. 예수께서는 평화로운 세상에 태어나지 않았다. 그의 주변에는 살인과 폭력, 통치자들의 음모, 추방과 재난이 널려 있었다. 예수께서는 외국으로 피신하여 그곳에서 망명자로 살아야 했다. 이것은 오늘날 매우 시사적이다. 예수께서는 오늘날 우리가 처한 상황과 흡사한 상황에서 태어났다. 그는 인간존재의 높이와 깊이를 모두 체험하셨다. 예수께서는 모든 것을 받아들이셨고, 그래서 모든 것을 구원할 수 있었다.

예수의 전사前史는 요셉이 천사의 명령으로 나자렛에 정착했다는 이야기로 끝맺는다. 나자렛은 갈릴래아에서 보잘것없는 곳이었다. 더구나 갈릴래아는 유다인들과 이방인들이 섞여 사는 땅이었다. 이렇게 벌써 예수께서 자란 곳에 대한 언급은, 그분이 유다인과 이방인 둘 다를 위해 파견되었음을 알고 계셨음을 보여 준다. 마태오는 예수의 이름을 풀이한다.

"그는 나자렛 사람이라 불리리라"(2,23). 성서 주석가들은 이 문장이 나자렛 출신만을 의미하는지 아니면 그 안에 더 깊은 뜻이 있는 것인지에 대해 분분하다. 나자렛 사람이 이사야서 11장 1절에 선포된 "새싹"(히브리어 Nezer)을 가리킨다는 해석이 가장 설득력 있게 보인다. "이새의 그루터기에서 햇순이 나오고 그 뿌리에서 새싹이 돋아난다." 이스라엘은 도려내진 나무 그루터기에 비유된다. 이스라엘은 하느님과의 여정에서 실패했다. 그러나 하느님은 인간이 종말을 고한 바로 그곳에서 새롭게 시작하신다. 하느님은 예수에게서 온 인류를 새롭게 하고 싱싱하게 할 새싹을 틔우신다. 마태오에게 나자렛 사람이란, 예수가 진정한 메시아라는 뜻이다. 마태오는 이 이름에서 메시아가 유다교 전통의 기대와 달리 나자렛에서 태어나신 근거를 찾는다. 예수만이 나자렛 사람으로 불렸던 것이 아니라, 예수를 메시아로 고백한 그리스도인들도 나자렛 사람으로 불렀다.

예수의 유혹사화(4,1-11)

마태오는 마르코 복음에 짧게 언급된 예수의 유혹사화를 우리 그리스도인도 흔히 경험하는 유혹 이야기로 확대시킨다. 유혹을 통해 예수께서는 참으로 하느님의 아들임이 증명된다. 예수께서는 아버지께 순명적이고, 아들 자격을 자기 목적을 위해 오용하도록 유혹하는 사탄에게 넘어가지 않는다. 마태오는 예수가 모든 면에서 우리처럼 유혹을 받는 전적인 인간이 되었다는 것을 보여 준다. 성령 자체가 예수를 광야로, 악령들이 지배하는 영역으로 인도한다. 그는 의식적으로 고독과 마주한다. 예수께서는 광야 체류와 절제를 연결함으로써 유혹을 무의식과의 만남, 악령과의 만남, 고독한 절제의 무방비 상태 중에 심층에서 솟아오르는 시련과의 만남으로 이해한다.

유혹하는 자는 악마, 모든 것을 혼란에 빠뜨리는 사탄*diabolos*(디아볼로스)이다. 마태오에게 사탄은 인간의 생각을 혼란스럽게 하는 존재다. 사탄은 신성한 말씀에 파괴적이고 자기중심적인 동인을 끌어들인다. 선한 것과 악한 것을 혼합시킨다. 사탄은 성서의 말씀을 인용하되 성서의 본래 의미와 전혀 다른 의미로 인용함으로써 선악의 구분을 모호하게 한다. 그는 성서의 말씀에 악의를 섞어 넣는다.

첫째 유혹은 모든 것을 자기 자신을 위해 사용하고 소비하는 데 있다. 이 유혹을 오늘날 가능한 한 모든 것을 먹을 수 있는 음식으로 만든다는 의미로 해석하는 것은 적절치 않다. 오히려 그것은 우리가 모든 것을 소비하는 위험한 유혹, 거룩한 것까지도 우리를 위해 이용하는 위험한 유혹을 의미한다. 모든 것, 심지어 신앙과 기도조차 우리에게 무엇인가 주는 것이 있어야 한다. 모든 것이 실용성의 잣대로 측량되고, 우리의 욕구 충족에 도움이 되어야 한다. 거룩한 것을 거룩한 것으로 놔두고, 우리의 손아귀를 벗어난 신성불가침한 것으로 놔두는 태도를 잊어버렸다. 예수께서는 자신의 아들 자격을 모든 욕구를 충족시키는 데 이용하는 유혹을 받는다. 그러나 하느님의 아들이라는 것은 배고픔과 갈증의 충족을 넘어선다. 예수께서는 유혹하는 자에게, 인간은 "하느님의 입에서 나오는"(4,4) 모든 말씀으로 산다는 성서 말씀을 상기시킨다. 인간의 진정한 배고픔은 정신적인 배고픔이다. 사람은 하느님께서 하시는 말씀으로 살 수 있다. 말씀은 진실로 우리 영혼의 양식이 될 수 있다.

둘째 유혹은 하느님을 소유하는 것과 연관된다. 즉, 자부심을 높이기 위해 하느님을 이용하려는 유혹이다. 이 유혹의 위험성은 성서 말씀을 오용하는 데 있다. 악마는 하느님께서 자기 천사들을 시켜 예수의 발이 땅에 닿지 않게 하리라는 시편의 말씀을 인용하면서 예수를 유혹한다. 우리는 다른 사람들의 인정을 얻기 위해서 하느님을 이용할 수 있다. 그러면 하느님이 아니라 자신의 자아(에고)가 관건이다.

오늘날에는 이 위험이 크다. 하느님이 적과의 전쟁을 위해 이용된다. 적을 제압하는 데 도움을 주어야 할 존재로 하느님을 이용한다. 자신의 독선Rechthaberei을 증명하기 위해서 하느님을 끌어들인다. 예수께서는 이 유혹에 넘어가지 않으셨다. 그분은 다른 성서 말씀으로 논박한다. "네 하느님이신 주님을 떠보지 말라"(4,7). 내가 만약 사람들에게 특별한 묘기를 보여 주고, 그들을 내려다보게 해 주는 능력을 개발하기 위해서 내 영적인 길을 간다면, 나는 하느님을 시험하는 것이라고 예수께서는 말하는 것이다. 그렇게 되면 나는 하느님을 나 자신을 위해, 나의 자아를 위해 이용하는 것이다. 오늘날 영성 시장市場에서 숭고한 체험을 향한 길 — 안내서 — 로 팔리고 있는 많은 것들은 하느님을 향하도록 해 주기보다 에고만 강화시켜 준다.

셋째 유혹은 권력욕이다. 악마는 예수께 이 세상의 모든 나라를 보여 준다. 예수께서는 악마에게 무릎을 꿇고 경배하기만 하면 모든 세상 위에 군림하는 지배자가 될 수 있다. 이 유혹은 많은 동화에서 악마와의 연합으로 묘사된다. 인간은 자신을 악마에게 내맡김으로써 더 큰 권력을 얻는다. 그러나 그런 내맡김은 항상 대가가 따라오게 마련이다. 인간은 자유를 잃고, 많은 경우 사랑도 잃는다. 그는 냉혹해진다. 그의 영혼은 죽는다. 마태오는 권력에 대한 유혹을 가장 위험한 것으로 보았다. 마태오는 그의 복음서에서 예수를 모든 권력과 폭력을 포기하시는 분으로, 인간의 폭력에 비폭력으로 대응하시는 분으로, 그리고 바로 그렇게 하늘에 계신 아버지에 대한 신뢰 안에서 당신의 아들 신분을 보존하시는 분으로 묘사한다. 예수께서는 신명기에 전해지는 말씀, 즉 모세가 이스라엘 백성에게 참 하느님을 섬기라고 경고한 말씀을 인용하면서 권력에 대한 유혹을 뿌리치신다. "네 하느님이신 주님께 엎드려 절하고 오직 그분만을 섬겨라"(4,10). 예수께서 악마에게 답하신 세 개의 성서 말씀은 모두 신명기에 전해진다. 이를 통해 마태오는 이스라엘 백성이 이집트에서 탈출하여 광야를 통과할 때 겪었던 똑같은 유혹을 예수께서 모두 겪으셨음을 보여 준다. 예수께서는 유혹에 넘어가지 않는다. 그렇게 그분은 당신을 따르는 새로운 하느님 백성의 창시자가 된다.

"물러가라, 사탄아!"라는 예수의 단호한 명령에 사탄은 물러간다. 하지만 예수께서 공생활 초에 겪으신 유혹은 아직 끝나지 않았다. 마태오는 그것을 두 곳에서 보여 준다. 예수께서는 베드로가 수난의 길을 막으려고 할 때 그에게 "물러가라, 사탄아!"라고 말씀하신다(16,23). 친구가 예수에게 유혹자가 된다.

십자가 상에서는 원수들이 예수를 유혹한다. 그들은 세 가지 유혹의 도입 문장을 되풀이한다. "하느님 아들이거든"(4,3), 이 말로 그들은 예수를 비꼬고 모욕하며 도전한다. "네가 하느님 아들이거든 너 자신이나 구하거라. 십자가에서 내려오려무나"(27,40). 십자가 상에서 유혹은 절정에 달하고 동시에 예수께서는 그 유혹을 바로 십자가 상에서 완전히 극복하신다. 예수께서 광야에서 유혹을 뿌리치셨을 때 사탄은 물러가고, 천사가 와서 그분께 시중을 들었다. 유혹의 산은 낙원의 산이 된다. 우리가 유혹을 물리친 그곳이 우리에게 낙원이다. 그곳에서 우리는 치유하시고 사랑하시는 하느님의 손길을 체험한다. 예수께서 십자가 상의 유혹에 넘어가지 않으셨기에 그분은 하느님에 의한 부활을 통해 낙원으로, 아버지의 영광으로 들어가셨다.

산상설교(5-7장)

산상설교는 예수의 첫 번째 대★설교다. 물론 성서 해설가들이 산상설교보다 더 고심한 본문은 없다. 산상설교의 해석에서 항상 대두되는 질문은, 예수께서 산상설교에서 선포하신 계명들이 근본적으로 준수될 수 있는가다. 산상설교로 정치를 할 수 있는가에 대한 토론이 있었다. 오래 전부터 사람들은 예수의 이 설교를 신약성서의 핵심적인 메시지로 이해했고, 어떤 그리스도인도 이 규범들을 받아들일 준비가 되어 있느냐는 예수의 질문을 받지 않고 이 본문을 지나칠 수 없다.

마태오는 예수의 말씀들을 매우 절묘하게 꾸미고 구성하여 가장 긴 설교를 만들었다. 산상설교 한가운데 「주님의 기도」를 배치했다. 산상설교의 모든 요구는 예수께서 제자들에게 선사하신 이 핵심적인 기도를 중심으로 모여 있다. 나는 산상설교 전체를 풀이하고 싶지는 않고 그것을 "기도와 실천의 일치"로 이해하고 싶다. 마태오는 복음서의 짜임새를 통해 자신의 신학을 표현하고 있다. 예수의 요구들은 오직 기도에 대한 응답으로서 그리고 우리 실존의 뿌리는 하느님 아버지께 대한 자녀로서의 신뢰에 있다는 기도 체험의 표현으로서만 채워질 수 있다. 마태오는 기도와 일, 기도와 실천을 하나로 본다. 거기서 그의 "은총의 신학"이 드러난다. 그리스도인임을 특징적으로 보여 주는 새로운 행동은 기도의 체험에서 흘러 나온다. 기도의 근간은 우리가 우리의 아버지이시고 참 어머니로서의 하느님께로부터 조건 없이 사랑받는 하느님의 아들과 딸이라는 체험이다. 기도 중에 자기가 하느님 아버지의 아들과 딸임을 체험하는 사람은 그 체험을 새로운 행동으로 표출할 것이다. 기도가 실천으로 표출되지 않으면 효력이 없고, 그것은 자기 자신의 둘레만 맴도는 자아도취적 배회가 될 것이다. 마태오가 이해한 기도는 새로운 행동, 온 세상을 치유하는 행동, 인간을 서로 나누는 균열을 잇고 온전하게 만드는 새로운 행동에로 우리를 인도하고자 한다.

「주님의 기도」는 "아버지"라는 친밀한 호칭으로 시작된다. 그리스어 *pater*(파테르)는 예수의 전형적인 하느님 호칭인 "사랑하올 아버지"를 뜻하는 압바*Abba*의 번역어다. 하느님을 아버지라고 부르는 호칭은 유다인과 그리스인 모두에게 가능했다. 하지만 제자들은 예수께서 남다른 친밀감을 가지고 당신 아버지를 부르는 것을 느꼈다. 우리 인간은 이 사랑과 자비가 충만하신 아버지께 아들과 딸로서 가까이 가도 되고, 우리의 갈망을 심오하게 채워 주시기를 깊은 신뢰를 가지고 청해도 된다.

첫째 청원은 "아버지의 이름이 거룩하게 되소서"다. 하느님의 이름은 하느님의 본질과 거룩함을 포함한다. 인간이 하느님과 그의 계명을 무시하면 그의 이름이 거룩함을 잃는다. "아버지의 이름이 거룩하게 되소서"라는 청원은 하느님 몸소 이 세상에 개입하셔서 당신의 거룩함과 영광을 드러내 주십사는 기도다. 하지만 하느님의 영광은 인간이 자신 안에 지니고 있는 하느님의 모상 — 이미지 — 을 발전시킬 때 인간에게서 드러난다. 이미 이레네오 교부가 그렇게 보았다: Gloria Dei – homo vivens(글로리아 데이 – 호모 비벤스: 하느님의 영광은 살아 있는 인간이다). 루쯔는 이 청원을 기도하는 사람의 자기 요청으로 이해했다. "하느님의 이름을 거룩하게 합시다"(Luz 343). 아마도 두 가지를 말하는 것 같다. 하느님은 스스로 당신 이름을 거룩하게 해야 한다. 하지만 이 청원을 하느님께 드리는 기도하는 자는 하느님의 이름이 그 자신과 그가 사는 방식을 통해 거룩하게 되도록 자신의 몫을 해야 한다.

진복팔단이 이 청원과 잘 어울린다. 진복팔단은 예수의 이미지에 맞게 형성된 새로운 인간의 모습을 묘사한다. 여기서 예수께서는 하느님을 신뢰하고 갈망하는 사람이 어떻게 처신할 수 있는지 묘사한다. 진복팔단은 인간이 노력해야 할 도덕적인 태도다. 진복팔단은, 여덟 가지 태도와 처세 방식이 가치가 있고 인간을 지금 행복하게 만든다는 것을 보여 준다. 예수께서는 단순히 가난한 사람이 행복하다고 말씀하시는 것이 아니라, 모든 것을 놓고 아무것에도 집착하지 않는 사람이 행복하다고 말씀하시는 것이다. 그분은 단순히 굶주린 이가 아니라 정의에 굶주린 이를 복되다고 하신다. 예수의 제자가 이런 태도를 갖추려고 노력하고, 그런 태도가 몸에 배면 그것을 통해 하느님의 영광이 드러나는 것이다. 동시에 그리스도인은 그것을 통해 복되고 행복한 사람이 된다. 그리스어 *makarios*(마카리오스)는 본래 신들에게만 유보된 단어다. 복되다고 칭송되는 여덟 가지 태도를 통해 인간은 하느님의 영광과 행복에 참여하고, 하느님의 이름은 거룩하게 된다. 하느님은 새로운 방식으로 살 줄 아는 인간에게서 드러난다.

인간 자신이 하느님의 아들과 딸이요, 예수의 형제와 자매임을 증명하는 여덟 가지 태도는 다음과 같다. 영적인 가난, 이것은 내가 모든 것을 놓고 하느님을 신뢰하는 태도다. 슬픔, 이것은 자비로우신 하느님과 나의 부주의한 처신 사이의 괴리와 나 자신의 불충분함을 숨김없이 보고 느끼는 태도다. 비폭력, 이것은 나 자신과 다른 사람을 온유하게 대하는 태도다. 정의에 대한 굶주림, 자비, 마음의 깨끗함(내적인 순수함), 평화를 이룩함 그리고 정의를 위해 박해를 받을 준비. 결국 이 여덟 가지 태도는 인간이 유용하고 성공적인 삶을 살기 위해 필요한 덕목이다. 진복팔단에 언급된 여덟 가지 태도에서 예수의 형상과 제자들의 참모습이 드러난다. 이 모든 태도는 하느님에 의해 보답을 받는다. 보답을 외적으로 이해해서는 안 된다. 덕에 대한 보답은 덕 그 자체 안에 있다. 마음이 순수한 사람은 하느님을 볼 수 있는 능력을 가지게 될 것이다. 하느님 나라는 지금 벌써 마음이 가난한 사람의 것이다. 그는 지금 벌써 하느님을 향해 열려 있고, 하느님에게서 자기 갈망의 충족을 체험한다.

"아버지의 나라가 임하소서." 이 청원은 그리스도인들이 세상의 빛과 소금이라는 산상설교의 말씀(5,13-16)과 연관성이 있다. 그리스도인들이 세상의 소금이 됨으로써 하느님 나라가 이 세상에 드러난다. 소금은 네 가지 뜻을 지니고 있다. "소금은 부식을 방지하고, 싱거운 음식을 짭짤하게 하며, 제물과 신생아를 정화시킨다. 그리고 마지막으로 소금은 하느님과 인간 사이의 계약과 다양한 인간 집단 사이의 계약에서 의미를 가진다"(Grundmann 137). 그리스도인들이 예수의 영을 따르면 그들은 온 세상을 위해 중요한 역할을 할 수 있다. 그들은 인간이 내적으로 부패하고 파멸되는 것을 막을 수 있다. 예수의 메시지가 담고 있는 요구는 인간을 살아 있도록 지탱해 주어 썩지 않게 해 준다. 그리스도인들은 국물의 소금과도 같다. 그들은 외적인 상황에 적응하는 것으로 만족하지 않는다. 예수의 영에 사로잡힌 사람은 자기 주변 세계를 정화시키는 작용을 한다. 그의 주변

이 투명해진다. 그는 다른 사람들의 감정에 휩쓸리지 않는다. 결국 그리스도인들은 상이한 인간 집단 사이를 연결하는 과제를 가지고 있다. 그리스도인이 세상에 미치는 이 네 가지 작용을 통해 하느님 나라가 인간 곁으로 가까이 도래한다.

그리스도인들은 세상의 빛이다. 사람들이 그리스도인들의 선한 행동을 보고 하늘에 계신 아버지를 찬양한다면, 그들의 빛이 세상에 비치는 것이다. 작고 보잘것없는 공동체에서 하느님의 빛이 비치고 세상을 밝혀야 할 것이다. 그 안에서도 하느님 나라는 인간에게 도래한다. 즉, 하느님 나라는 우리를 통해서도 온다. 이것은 마태오가 반복해서 선포하는 본질적인 진술이다. 그는 하느님 나라를 늘 *dikaiosyne*(디카이오쉬네, 정의)와 연결시키는데, 이것은 바울로 사도가 말하는 정의가 아니라, 인간의 올바른 행동을 의미한다. 인간이 올바르게 행동하면, 예수의 계명을 준수하면, 하느님 나라가 이 세상에 도래한다. 빛의 상징에서 예수께서는 하느님의 빛으로 관통한 개인만을 두고 말씀하시는 것이 아니다. 그분은 용서와 화해의 인간관계를 보여 주는 그리스도인 공동체도 세상을 위한 빛이라고 말씀하시는 것이다. 둘이나 셋이 하느님 사랑을 실현한다면 그들에게서 온 세상을 변화시키는 무엇인가가 분출된다.

"아버지의 뜻이 하늘에서와 같이 땅에서도 이루어지소서." 이 청원은 예수께서 제자들에게 요구하신 새로운 정의를 상세히 묘사하는 여섯 가지 대당명제(5,21-48)[1]에서 실현된다. 마태오는 구약의 계명에 대한 유다교 스승의 해석에 대하여 신적인 권위를 가지고 말씀하신 예수의 해석을 여섯 번 대비시킨다. 예수께서 당신 제자들에게 바라시는 정의는 율사들과 바리사이들의 정의보다 훨씬 더 커야 한다(5,20). 대당명제에서 마태오는 예수의 말씀을 옛사람들, 즉 시나이 세대가 들은 말씀에 대비시킨다. 그분은 구약의 법을 없애는 것이 아니라 완성하신다. 예수의 말씀들은 구약성서에 전해지는 하느님 계명의 의미를 이해하기 위해서 통과해야 하는 문이다. 계명의 핵심은 사랑이다. "사랑은 율법과 예언서의 폐지가 아니라(5,17) 완성이다"(Luz 250). 예수께 중요한 것은 율법을 첨예화시키는 것도 아니고 반대로 폐지하는 것도 아니다. 그분께 관건은 모든 계명의 뿌리에 놓여 있는 핵심 관심사다. 예수께서는 율법의 문자에 머물러 있지 않고, 율법에서 하느님의 본래 관심사

---

[1] 예수께서는 여기서 유다교의 율법에 대비되는 말씀을 하신다. "옛사람들에게 말씀하신 것을 여러분은 들었습니다. 그러나 나는 말합니다." 예수의 말씀이 율법에 대한 반명제적(反命題的)인 말씀이라서 대당명제(對當命題)라고 명함 — 역자.

를 인식하는 길을 보여 주신다(Limbeck 85 이하 참조).

예전에 사람들은 산상설교의 대당명제들을 종종 반유다교적으로 해석했지만 그것은 선입견이다. 예수의 대당명제들 중에서 많은 것은 율법 이해에 대한 유다교적 논의 내에서 이해될 수 있다. 예수께서는 사랑을 모든 계명의 핵심으로 설명하고, 계명을 전 인격에 해당되도록 해석함으로써 철저함을 보여 주신다. 예수께서 여기서 선포하시는 것은 단순히 자기 반성을 위한 윤리가 아니라 새로운 태도를 요구하는 윤리다. 물론 이 새로운 태도는 온전히 하느님을 향해 열린 가슴에서 나오는 태도다. 예수께서는 생각과 느낌에서 시작하신다. 마음은 증오와 울분으로 가득 차 있으면서 계명을 단순히 외적으로만 지키는 사람은 의롭지도 않고, 하느님 사랑으로 채워진 것도 아니다. 그래서 먼저 증오와 울분으로 가득 찬 마음을 정화시키는 것이 중요하다. 하지만 그 일은 인간이 자기 내면의 적대자와 화해할 때만 이루어질 수 있다.

대당명제들을 해석할 때 예수의 말씀들을 객관적인 차원에서뿐 아니라 주관적인 차원[2]에서 풀이하는

---

[2] "객관적인 차원"의 해석이 외적이고 사실적인 차원에서 이루어지는 데 반해, "주관적인 차원"의 해석은 개인의 내적이고 심리적인 차원에서 이루어진다 — 역자.

것이 큰 도움이 된다. 우리가 길을 가고 있는 동안 적대자와 화해하라고 예수께서 요구하신다면, 그것은 분명 우리가 우리 내면의 적대자와 대화를 하고 그와 화해하는 것도 의미한다. 그렇지 않으면 내적인 심판자("초자아")가 우리를 자기 비난의 지하 감방으로 그리고 강박과 두려움의 감옥으로 감금하는 일이 있을 수 있다. 우리가 일단 이 내적인 감옥에 갇히면 결코 쉽게 빠져나오지 못한다. 그런 모습을 우리는 끊임없이 자기 잘못의 주변을 맴돌며 어두운 감옥에서 빠져나오는 길을 찾지 못하는, 양심의 가책에 시달리는 수많은 사람들에게서 볼 수 있다(5,25-26).

오른쪽 눈이 죄를 짓게 하거든 그것을 빼어 버리고, 오른손이 죄를 짓게 하거든 그것을 잘라 버리라고 예수께서 말씀하실 때, 그분이 자신을 불구로 만드는 자해를 요구하는 것은 분명 아니다. 왜냐하면 유다인에게는 자해가 금지되어 있었기 때문이고, 여기서 예수께서는 분명 유다인의 사고방식으로 생각하셨다. 오른쪽 눈은 모든 것을 판단하고 평가하는 눈이고, 모든 것을 소유하고 관철하려는 눈이며 모든 것을 드러내고 공개하려는 눈이다. 오른손은 모든 것을 손에 넣는 손이고, 모든 것을 "만들고" 싶은 손이며, 원하면 내적으로도 모든 것을 만들 수 있다고 믿는 손이다. 왼쪽, 즉 무의식적인 측면이 자기 권리를 찾으려면, 이 의식적인 측면이 절단되어야 한다. 왼쪽 눈은 경탄할 줄 아는 눈이고, 평가하지 않고 보는 눈이며, 본 것과 하나가 되는 눈이다. 왼손은 받는 손이고, 관계를 형성하는 손이다. 일방적으로 의식적인 측면만을 수용하며 사는 사람은 지금 벌써 그를 괴롭히는 무의식적인 욕구와 에너지의 지옥에 빠진다. 예수의 모든 말씀들은 우리를 삶으로 초대하고, 우리가 일방적이거나 자기 파괴적인 삶을 사는 것을 막아 주고자 하는 말씀들이다.

가장 많이 토론된 예수의 말씀은 보복과 원수 사랑에 대한 말씀이다. 예수께서는 수동적인 태도를 권장하지 않고, 우리가 악을 창조적으로 극복할 수 있는 길을 보여 주신다. 마태오 복음 5장 38-42절에서 열거하는 네 가지 모범은 계명이 아니라 악을 극복하는 사랑의 구체적인 예다. 하느님의 조건 없는 사랑을 받고 있음을 아는 사람은 자기 권리를 지키기 위해 소송을 제기하거나 폭력을 가한 자에게 폭력으로 보복할 필요성을 느끼지 않는다. 그는 하느님께서 보호해 주신다는 것을 안다. 뺨을 때리는 것은 유다인들에게 폭력의 표시가 아니라 명예훼손의 표시다. 하느님께서 자기를 명예롭게 생각하신다는 것을 아는 사람은 자기 명예 때문에 부심할 필요가 없다. 그는 밤에 따스한 덮개로 사용하는 겉옷까지 내줄 수 있다. 하느님 사랑 안에서 쉬고 있는 사람은 일 마일을 함께 가 달라고 강요할 권리가 있는 로마 점령 군인과 이 마일을 가면서 그와 친구가 될 수 있다. 그는 원수 관계를 받아들이지 않고 다른 사람에게서 미래의 친구를 본다. 이것은 폭력과 보복 폭력, 증오와 보복 증오, 상처와 보복 상처의 영원한 악순환을 끊고 더불어 사는 삶의 새로운 가능성을 창조하는 처세 방식이다.

교부들은 예수께서 여섯 번째 대당명제에서 요구하시는 원수 사랑을 그리스도인의 진정한 새 징표로 보았고 칭송했다. 이방인들도 이 새로운 계명에 대해 놀라워했다. 모든 사람, 심지어 불친절하고 호감 가지 않는 사람까지도 포함하는 사랑은 히브리적 사고와 그리스적 사고에서도 발견된다. 일례로 아우렐리우스Marcus Aurelius는 이렇게 말한다. "우리를 반대하는 사람도 사랑하는 것, 그것이 우리 인간에게 특히 주어진 과제다"(Gnilka 192). 스토아 철학은 원수 사랑의 근거를 내적인 자유와 모든 인간의 혈연성에서 찾는다. 불교 역시 원수 사랑을 안다(Gnilka 191). 따라서 원수 사랑이라는 그리스도교의 계명을 타종교들에 대한 그리스도교의 우월성을 주장하는 데 오용해서는 안 된다. 중요한 것은 예수의 원수 사랑에 대한 특별한 근거 정립을 유심히 보고 이해하는 것이다. "그러나 나는 말합니다. 원수를 사랑하고, 박해하는 사람들을 위해 기도하시오. 그래야 하늘에 계신 여러분 아버지의 아들이 됩니다"(5,44-45). 예수께서는 원수를 위한 기도가 원수 사랑의 한 방식임을 보여준다. 기도 안에서 나는 원수를 하느님께 내드리고 맡겨 드린다. 하느님께서 그와 그의 영혼에 유익한 것을 그에게 주실 것이다. 원수를 사랑하는 사람은 그 사랑을 통해 자기가 하느님의 아들과 딸임을 표현한다. 원수 사랑은 따라서 하느님 자녀 신분을 드러내는 표시다. 원수 사랑으로 우리는 선인과 악인을 구분하지 않고 당신의 태양을 떠오르게 하시고, 의로운 사람들에게나 의롭지 못한 사람들에게나 비를 내려주시는(5,45) 하느님의 자세를 본받는 것이다. 동시에 우리는 원수 사랑의 실천을 통해서 하느님께 더 가까이 다가가게 된다. 원수를 다르게 대함으로써 우리는 하느님을 새로운 방식으로 체험한다. 새로운 자세는 마태오에게 새로운 존재의 표현일 뿐 아니라 새로운 존재의 체험, 자비로우신 하느님 체험을 위한 구체적인 훈련 방식이기도 하다.

융C.G. Jung(1875~1961)은 원수를 사랑하라는 예수의 요구를, 우리는 우선 우리 자신 안에 있는 원수를 사랑해야 한다는 뜻으로 해석했다. 우리는 그런 다음에야 비로소 우리 밖에 있는 원수도 사랑할 능력을 갖추게 된다. 왜냐하면 그런 다음에야 우리는 우리에게 악의를 품고 있는 원수에게서 우리 자신과 똑같이 파괴적인 충동에 사로잡힌 형제 자매를 보게 될 것이기 때문이다. 우리는 우리 안에서 인지하는 악을 그들 안에서 발견한다. 원수 관계는 종종 투사[3]를 통해 생긴다. 다른 사람은 자기 자신에게서 수용할 수 없는 것을 나에게 투사한다. 자기 자신을 알고 받아들이는 사람은 투사에 좌우되지 않으면서 투사를 인식한다. 그는 자신의 적대적인 측면을 투사하는 사람의 원수가 되지 않는다. 그는 다른 사람에게서 자기 자신 및 자기 삶과 평화로워지기를 갈망하는 사람을 본다. 원수 사랑은 원수에게 한계를 정해서는 안 된다는 것을 의미하지 않는다. 자신의 파괴적인 성향을 무절제하게 내뿜는 것은 자신에게 해롭다. 그에게는 다른 사람들이 정하는 한계가 필요하다. 그러나 동시에 그 자신 안에 있는 적대적인 것을 치유할 수 있는 사랑도 필요하다.

원수를 사랑하는 사람은 하느님의 완전성에 참여한다. 그리스어 *teleios*(텔레이오스)에는 "완전한" 외에

---

[3] "투사"(投射)는 프로이트 심리학에서 말하는 자아의 방어기제 중 하나로서 불안의 원인과 책임을 다른 사람에게 전가하는 심리를 말한다 — 역자.

도 "분산되지 않은", "깨지지 않은", "온전한", "전체적인"이라는 뜻도 내포되어 있다. 하느님은 완전하시다. 왜냐하면 그분은 분산되지 않은 사랑으로 인간에게 향하시기 때문이다. 만약 인간이 "자유의 완전한 법" ─ 야고보가 예수의 법을 이렇게 칭했듯이(야고 1,25) ─ 을 받아들인다면 그 자체로 온전하고 완전하신 하느님께 참여하는 것이다. 여기서도 우리는 완전하신 하느님 체험이 새로운 태도를 가능케 하는 한편 예수께서 우리에게 요구하신 태도가 새로운 하느님 체험으로도 인도할 수 있다는 긴장 관계에 주목해야 한다. 예수의 규범을 따르는 사람은 참된 하느님과 관계를 맺게 된다. 그가 자체적으로 만든 하느님 상은 떨어져 나간다. 그는 하느님을 하늘에 계신 아버지로, 그를 지지하는 분으로, 갈가리 찢어진 세상에서 화해의 흔적을 남길 수 있도록 용기를 주시는 분으로 체험한다. 예수께서 우리에게 요구하시는 태도는 다른 사람들의 눈에 띄고 싶지 않은 사람의 순응적인 태도가 아니라, 아버지의 사랑과 지지를 받고 있음을 아는 아들과 딸의 성숙한 태도다. 아버지께서 그들의 뒤를 든든하게 봐주시기 때문에 그들은 사랑과 평화의 새로운 길을 갈 수 있다. 원수를 사랑하는 능력은 예수께서 제자들에게 가르쳐 주신 기도에서 자란다. 그리고 원수에 대한 사랑은 그리스도인들이 매일 하는 기도에 대한 응답이다. 그 기도 안에서 그리스도인들은 자신을 하느님께 개방하고, 그럼으로써 하느님의 영은 점점 더 그들을 사로잡고, 하느님의 뜻은 점점 더 그들 안에서 그리고 그들을 통해 이루어진다. 그리고 그렇게 이 세상은 치유되고 변모될 것이다.

마태오는 완전성이라는 단어로 대당명제들을 요약한 다음에 산상설교의 근간이 되는 진행 순서를 중단한다. 이것은 산상설교를 루가 복음의 평지설교와 비교해 보면 분명해진다. 루가 복음에서는 "여러분의 아버지께서 자비로우신 것같이 여러분도 자비로운 사람이 되시오"라는 말씀 다음에 곧바로 "심판하지 마시오"라는 말씀이 뒤따른다(루가 6,36 이하). 마태오는 이 부분에서 6장, 즉 유다인들이 율법을 넘어서 실천하는 신심의 세 가지 양식 — 자선, 기도 그리고 단식 — 에 대한 가르침을 삽입한다. 예수께서는 이 세 가지 신심 양식을 전수하시지만, 동시에 비판하신다. 이들 신심 양식은 사람들의 칭찬을 받기 위해서가 아니라 내면으로부터 자연스럽게 행해질 때에만 의미가 있다. 자선을 베풀 때는 오른손이 하는 일을 왼손이 모르게 해야 한다. 주는 것이 당연하기 때문에 준다. 내가 준다는 것을 의식하지도 않고, 그 대가로 무엇인가를 바라지도 않는다. 예수께서는 늘 숨겨진 것을 가리키신다. 자선을 베푸는 것과 단식하는 것은 숨겨진 상태에서 이루어져야 한다. 선행은 사람들에게뿐 아니라 자기 자신의 에고에게도 숨겨져야 한다. 내가 나 자신을 좋게 판단하기 위해서 착한 일을 해서는 안 된다. 우리 안에 있는 내적인 심판자가 우리 행동을 알지 못하도록 해야 한다. 선한 행동은 우리가 그것을 통해서 다른 사람들에 대한 우월감을 가지기 위해서가 아니라, 우리 자신으로부터 자연스럽게 흘러 나와야 한다.

기도하는 사람은 골방으로 들어가서 문을 닫아야 한다. "그런 다음, 숨어 계신 아버지께 기도하시오"(6,6). 여기서 골방은 내가 기도하는 모습이 다른 사람들 눈에 띄지 않도록 막아 주는 외적인 골방만이 아니라, 내가 기도할 때 숨어들어야 하는 내적인 골방도 의미한다. 그것은 마음의 골방이다. 참된 기도는 내 마음의 숨겨진 골방에서 이루어진다. 거기서 나는 하느님과 하나다. 그러나 나는 그것에 대하여 생각하지 않고, 그냥 하느님 안에 존재한다. 여기에 기도의 신비가 있다. 예수께 기도는 하느님께 내 마음의 숨겨진 속내를 내드리는 것이다. 아버지께서는 숨겨진 것을 보신다. 내가 숨겨진 속내를 하느님께 내드리면, 그분은 그것을 당신 사랑의 빛으로 비추시고 변모시켜 주실 것이다. 그런데 그것은 내가 하느님께 모든 것, 나 자신에게조차 감추어진 것, 즉 나의 무의식까지 내드리는 것도 포함한다. 내 안의 모든 것을 어루만져 변모될 수 있도록, 하느님의 빛이 내 영혼의 심연 구석구석까지 비쳐야 한다. 예수의 제자들이 하는 기도는 이방인들처럼 많은 말을 하면서 수다를 떠는 것이어서는 안 된다(6,7). 기도는 하느님을 억지로 어떤 행위를 하시도록 강요하는 것이어서도 안 된다. 오히려 그리스도인의 기도는, 하느님께서는 우리가 무엇을 필요로 하는지 잘 아신다는 깊은 신뢰에서 나온다.

그리스도인들의 기도에 대한 가르침 한중간에 마태오는 「주님의 기도」를 배치한다. 예수께서 가르쳐 주신 이 기도에서 그리스도인은 참된 기도가 무엇인지 경험한다. 그러나 동시에 ― 산상설교의 중심인 「주님의 기도」가 그렇게 보여 준다 ― 그리스도인은 이 기도에서 그 자신이 진정 누구인지도 체험한다. 즉, 그는 하느님의 아들과 딸이라는 것도 체험한다. 여기서 그리스도인은 자기 존재에 걸맞은 태도가 어떤 모습인지 체험한다.

"우리가 일용할 빵을 오늘 우리에게 주소서"라는 청원기도는 자선과 기도 그리고 단식과 걱정하지 말라는 가르침에 대한 예수의 말씀들(6,19-34)을 통해 풀이된다. 성서 주석가들은 *epiousios*(에피우시오스)라는 단어를 어떻게 번역해야 할 것인지 고심했다. 가장 개연성 있는 번역은 "내일 먹을 빵을 오늘 우리에게 주소서"다. 이 청원은 "내일 먹을 양식이 있다는 것이 당연하지 않았던 사회적으로 궁핍했던 상황에 속한다"(Luz 347). 그에 반해 림벡Meinrad Limbeck은 *epiousios*를 "현존을 위해 필요한, 필수적인 것"으로 번역해야 한다고 주장한다. 그러면 이 청원기도는 이런 뜻이 된다. "우리에게 필요한 빵을 오늘 우리에게 주소서"(Limbeck 107). 이 청원기도를 6장 전체를 통해 해석하면 다음과 같은 뜻이 된다. 나는 필요한 모든 것을 하느님께 청해도 된다. 그러나 동시에 하느님께서 다른 사람이 사는 데 필요한 것을 나를 통해 주고자 하신다는 것을 나는 인식해야 한다. 따라서 이 기도는 수동적인 청원이 아니라, 나에게 책임을 맡기는 기도다.

단식에서 나는 빵으로만 사는 것이 아니라, 하느님께서 나의 내적인 배고픔을 해소시켜 주신다는 것을 알게 된다. 단식은 먹는 것을 상대화시킨다. 그리고 단식은 동시에 고맙고 신중하게 먹고, 하느님의 음식을 먹으면서 기쁨을 누릴 수 있는 나의 감수성을 예민하게 만들어 준다. 음식에 대한 청원기도는 내 마음을 송두리째 사로잡는 불안한 걱정이 되어서는 안 된다. 예수께서는 먹을 것과 입을 것에 매여 있는 우리에게 하늘의 새들과 들의 백합꽃들을 보라고 하신다. 그분은 우리의 삶을 결정하는 척도를 바로잡고자 하신다. 음식과 옷에 대한 걱정이 아니라 하느님 나라에 대한 걱정이 우리를 규정해야 한다. "하늘에 계신 여러분의 아버지께서는 그런 것이 필요함을 알고 계십니다. 먼저 그분 나라와 그분 의로움을 찾으시오. 그러면 그런 것도 다 곁들여 받게 될 것입니다"(6,32-33). 생계와 생계를 보장하는 일자리 걱정은 물론 인간의 일이다. 그러나 인간이 참으로 인간인지는 하느님 나라와 그분의 의로움을 걱정하는가에 의해 결정된다. 하느님께서 인간 안에서 다스리시면, 그는 진정한 인간이 되고, 참된 자유인이 된다. 하느님께서 인간 안에서 다스리시면, 그는 새로운 정의를 실천할 능력을 얻게 되고, 하느님의 다스리심이 새로운 행동에서도 드러나게 된다. 바로 이것이 관건이지, 자기 자신의 주변을 불안한 마음으로 맴도는 것이 관건이 아니다.

"우리가 우리에게 빚진 이들을 용서했듯이 우리에게도 우리 빚들을 용서하소서." 마태오는 이 청원기도를 한 번은 「주님의 기도」에 덧붙여진 부문장을 통해서 그리고 그다음에는 심판하지 말라는 요구를 통해서 해석한다. 그는 「주님의 기도」 다음에 바로 용서에 대한 청원을 확장한다. "여러분이 사람들의 잘못을 용서하면 하늘에 계신 여러분의 아버지께서도 여러분을 용서하실 것입니다"(6,14). 여기서 기도가 효과가 없지 않다는 사실이 분명해진다. 기도는 오히려 인간의 태도, 이웃을 용서하려는 마음의 준비와 연결된다. 용서는 심판하지 않는 것과 연결된다. 용서가 판단 및 심판과 결합된다면 그것은 잘못된 것이다. 내가 다른 사람을 용서하면서 동시에 정작 잘못한 사람은 그 사람이라고 말한다면, 나는 불쌍한 죄인을 용서할 준비가 되어 있는 의인과 위인 노릇을 하고 있는 것이다. 그러면 나와 그 사람 사이에 불평등한 경사가 생긴다. 내가 나를 상대방보다 높이지 않을 때에만, 용서는 그에게 치유하고 해방시키는 힘으로 다가온다. 그러기 위해서는 모든 판단과 심판 그리고 평가를 포기하는 것이 필요하다. 판단하는 것은 다른 사람의 태도뿐 아니라 우선 나와 내 태도에 관계된 것이다.

'영적인 동행' — '영적 지도' — 을 하면서 나는 얼마나 많은 사람들이 끊임없이 자기 자신을 판단하고 평가하고 심판하는지 늘 경험한다. 나는 내 안에 있는 것을 평가하기를 그만두어야만 하느님께 향한 여정에서 앞으로 나아갈 수 있다. 나는 그냥 있는 그대로 나다. 내가 있는 그대로의 나를 받아들여야 비로소 변화된다. 내가 만약 있는 그대로의 나를 심판하면, 그 '나'는 무의식 속으로 은폐될 것이고, 바로 그러면 내가 예상치 못할 때 내 안에서 솟아오를 것이다. 내가 있는 그대로의 나를 평가하기를 중단해야만 그토록 불편하게 보였던 변모가 가능하게 된다. 그러면 나는 있는 그대로의 나를 하느님께 내드리고, 하느님의 영은 그것을 변모시킬 수 있다. 내가 나 자신을 더 이상 평가하지 않으면 점차 다른 사람과 그의 태도를 평가하지 않는 것도 배우게 된다. 나는 있는 그대로를 받아들이고, 다른 사람을 이해하려고 시도한다. 나는 그의 태도에서 삶과 사랑에 대한 갈망을 보게 된다. 그러면 나는 그를 용서하면서 나를 그보다 높이지 않고, 그의 태도를 그대로 놔두게 된다. 나는 그의 태도를 평가하지 않고 그에게 되돌려 주게 된다. 보복을 포기하게 된다. 용서란 다른 사람을 그의 모습 그대로 놔두는 것이다. 그는 그렇게 존재해도 된다. 나는 그가 평온해지기를 기도한다. 그러나 나를 그보다 높이지 않고, 그의 어려움과 갈망을 공감하면서 그가 그 자신과 일치하기를 기도한다.

"우리를 유혹에 빠지지 않게 하시고 악에서 구하소서." 하느님께서 우리를 유혹에 빠지게 할 수 있다는 것에 많은 이들이 걸려 넘어진다. 그래서 이미 오리게네스Origenes(185~254?)는 「주님의 기도」 중 마지막 청원기도를 다음과 같이 번역했다. "유혹에 지지 않게 하소서." 그리고 테르툴리아누스Tertullianus(160~223?)는 이렇게 번역했다. "우리가 유혹에 이르도록 놔두지 마소서"(Luz 349). 슈낙켄부르크Schnackenburg는 이 청원기도의 의미를 "유혹에 떨어지지 않게 하소서"라고 말한다(Schnackenburg 67). 아람어로 씌어진 「주님의 기도」를 그리스어로 번역한 사람 자신은 이것을 문제로 보지 않은 것 같다. 우리는 이 청원을 기도와 행동을 함께 볼 때에만 이해할 수 있다. "인간은 자신의 태도를 통해 결정하는 것을 청한다"(Luz 349). 따라서 우리는 유혹에 빠졌을 때 그 탓을 하느님께 떠넘겨서는 안 된다. 우리 자신이 적극적인 사람이 되고, 우리를 유혹에 빠지지 않게 해 달라고 우리는 하느님께 청한다.

다른 문제는 유혹 자체에 대한 이해다. 초창기 수도자들은 유혹을 인간의 시험으로 여겼다. 폭풍우가 나무로 하여금 뿌리를 더 깊은 땅속으로 뻗게 하듯이, 유혹은 선을 위한 싸움에서 수도자를 더 강하게 만든다. 이 마지막 청원기도를 산상설교 자체를 통해서 해석하면 7장 13-23절은 해석의 표본이 될 수 있다. 그러면 유혹이란 멸망에 이르는 넓은 길을 가는 데 있다. 넓은 길은 모든 사람들이 가는 길이다. 다른 사람만을 따라가는 것, 모든 사람들이 하는 일을 하는 것은 인간을 멸망에 이르게 한다. 각 사람은 자신만의 길을 가야 한다. 그렇다면 유혹은 스스로 살지 않고 자신의 삶을 방치하는 데 있는 것이다. 진정한 유혹은 삶을 거부하는 것이다.

유혹의 또 다른 형태는 혼란일 것이다. 그것은 마치 순진한 양처럼 접근하는 거짓 예언자들을 조심하라는 경고에서 암시되었다. 예수께서는 여기서 거짓 예언자들을 통한 영적인 악용과 유혹을 조심하라고 경고하신다. 유혹은 타락의 위험을 뜻한다고 그룬트만은 생각한다. 그래서 그는 이렇게 번역한다. "우리를 타락의 상황으로 빠지지 않게 하시고, 악에서 끄집어내소서"(Grundmann 203).

성서 주석가들은 악이 무엇을 뜻하는지, 그것이 하느님께서 우리를 보호하셔야 할 대상인 악마·사탄인지, 아니면 악인지에 대해서 많은 토론을 벌였다. 오늘날 대부분의 주석가들은 악을 의미한다는 쪽으로 기운다. 나쁜 생각, 나쁜 만남, 고통, 괴로움, 나쁜 인간 그리고 나쁜 충동. 하느님께서는 우리를 악의 힘에서 구하시고 지켜 주시어 당신께서 우리 각 사람 안에 만들어 놓으신 모상이 빛나게 하소서. 「주님의 기도」 중 마지막 두 청원기도에서 우리는 유혹이나 악이 우리 능력의 한계를 벗어날 수 있다는 두려움을 인정한다. 하느님께서 우리에게 무리한 요구를 하지 마시고, 우리를 삶의 회오리와 위험에서 당신 사랑으로 지켜 주시도록 우리 아버지 하느님께 깊이 신뢰하며 우리의 두려움을 내드린다.

산상설교는 바위 위에 지은 집에 대한 상징으로 마무리된다. 예수의 말씀을 듣고 행하는 사람은 "반석 위에 집을 지은 슬기로운 사람과 같다"(7,24). 예수의 말씀을 듣는 것만으로는 불충분하고, 행해야 한다. 듣는 것과 행하는 것은 무엇보다 신명기에서 늘 함께 이야기된다. 모세와 같이 예수께서는 당신 제자들에게 "생명과 죽음, 행복과 불행을 너희 앞에 내놓는다"(신명 30,15)고 하신다(Gnilka 281). 듣는 것과 행하는 것을 결합하는 사람은 슬기롭다. 그는 삶의 성공이 무엇에 달려 있는지 안다.

요한 크리소스토무스Johannes Chrysostomus(350~407)는 이 상징적인 말씀을 이렇게 해석했다. 그리스도 안에 뿌리를 둔 사람은 어떤 것에 의해서도, 폭풍우에 의해서도 홍수에 의해서도 상처받지 않는다. 내가 만약 예수의 말씀을 기초로 내 집을 지으면, 사람들의 판단이나 나에 대한 그들의 태도가 아니라 예수를 토대로 나를 정의한다면, 다른 사람들이 무의식적으로 나에게 던지는 모욕과 투사도 나에게 상처를 줄 수 없다. 그와 반대로 내가 만약 환상 위에, 일례로 모든 이들의 인정과 사랑을 받는다는 환상 위에 집을 지으면, 한 사람이 나에게 상처를 주거나 아프게 하는 즉시 무너질 것이다. 예수의 말씀은 내 집이 다른 사람들이 주는 상처에도 무너지지 않고 견고하게 서 있을 수 있는 진정한 토대를 보여 주고자 한다. 그 토대는 내가 조건 없이 사랑받는 하느님의 아들 아니면 딸이라는 사실이다. 내가 만약 이 반석 위에 집을 지으면 내 인생은 성공할 것이다. 사람들이 나에게 아무리 많은 상처를 준다 해도 내 집은 무너지지 않을 것이다.

파견설교(10장)

예수의 두 번째 커다란 설교는 10장에 전해지는 제자들에 대한 파견설교다. 마태오는 이 설교를 위해 마르코 복음과 루가 복음에서는 다른 맥락에서 등장하는 예수의 다양한 말씀들을 수집했다. 마태오의 구성을 보면 그가 제자들의 파견을 어떻게 이해했는지 드러난다. 예수께서 그 당시 갈릴래아의 여러 도시로 파견했던 제자들만이 아니라 오늘날 그리스도인으로서 이 세상에 파견되는 모든 사람들이 예수에 의해 파견된 제자들이다. 예수께서 파견하신 열두 제자들은 미래 제자들의 전형典型이다. 예수의 위탁을 받은 제자들은 예수께서 하신 바로 그 일을 해야 하고, 예수께서 보여 주신 이미지에 따라 자신을 형성해야 한다. 그들은 열두 제자들이다. 열둘이라는 숫자는 여기서 처음으로 등장한다. 열둘은 "관계의 능력"과 "공동체"를 상징하는 수다. 예수의 제자들은 공동체로서 등장하고, 새로운 이스라엘을 대표한다. 그들은 공동체를 상징하고, 마태오는 이 공동체를 위해 복음서를 썼다. 예수는 유다인과 그리스인(세 명의 제자는 그리스 이름이다), 세리들(친로마적) 그리고 혁명당원들(로마에 적대적), 가난하고 부유한 어부들(시몬과 안드레아는 가난한 어부였고, 야곱과 요한은 일종의 어업회사에서 일했다. 4,18-22 참조)과 같이 다양한 사람들을 모아 화평하게 같이 살고 같은 위탁을 받고 행동하는 공동체를 형성하셨다. 서로 상이한 정치·사회적 방향에 속한 사람들을 공통의 사명으로 결합시키는 예수의 이 예술을 우리도 서로 상이한 조류가 불목하고 있는 오늘날 교회 안에서 필요로 한다.

예수께서 제자들에게 주신 사명은 예수 자신이 완성하신 파견을 반영한다. 제자들은 예수께서 선포하신 바로 그 복음을 선포한다. "하늘나라가 다가왔다"(10,7). 제자들의 복음 선포에 회개의 외침이 없는데, 그것은 제자들로서 그들 자신이 회개가 필요하기 때문이다. 예수께서는 제자들에게 당신 자신이 하셨듯이 병자를 치유하고, 죽은 사람들을 일으켜 세우며, 나병환자들을 깨끗하게 해 주고 귀신들을 쫓아내라는(10,8) 사명을 주신다. 제자들은 마태오가 8-9장에서 예수에 대하여 보도한 것을 행해야 한다. 즉, 그분께서는 하느님 나라에 대한 말씀만 선포한 것이 아니라 병자들도 치유하셨다. 마태오는 예수의 치유행위에서 이사야 예언자의 말씀이 실현되었음을 본다. "그는 우리가 앓을 병을 앓아 주었으며, 우리가 받을 고통을 겪어 주었구나"(이사 53,4; 8,17). 예수께서 인간의 질병을 떠맡으셨기 때문에, 제자들은 그분의 이름으로 병자들을 치유해야 한다.

이 문장은 이미 교부들에게서부터 난제였다. 왜냐하면 그들 자신이 기적적인 치유자가 아니라 치유를 필요로 하는 인간이기 때문이었다. 그럼에도 불구하고 우리는 예수의 이 사명을 건너뛰어서는 안 된다. 예수께서 우리에게 위탁하신 사목 — 영적 돌봄 — 은 심리 치료적인 사목이어야 한다. 병자를 치유한다는 것이 꼭 병자가 육체적으로 건강해지는 것을 의미하지 않는다. 그러나 우리의 복음과 사목은 병자들이 병을 받아들일 수 있고 하느님께 눈을 돌릴 수 있도록 그들에게 도움과 위로가 되어야 한다.

많은 사람들이 오늘날에도 죽어 있다. 그들은 어떤 기능을 수행하고 정신없이 일에 투신하지만 내적으로는 죽어 있다. 그리스도인으로서 우리의 사명은 죽은 사람들을 일으켜 세우는 것이다. 죽어 있는 사람들이 다시 활기찬 삶을 살도록, 자기 자신을 다시 느끼도록, 자신의 영혼과 만나도록, 그들 안에 생명이 다시 흐르도록 도와주는 것이 그리스도인의 사명이다. 나병환자를 깨끗하게 하는 것은 사람들에게 다음과 같은 말을 전달하는 것이다. "당신을 환영합니다. 당신은 조건 없이 받아들여진 사람입니다. 당신이 있어서 좋습니다. 당신은 있는 그대로 훌륭합니다." 그리고 귀신들을 쫓아내는 것은 인간을 병적인 삶의 표본과 왜곡된 하느님 상, 하느님께서 만들어 주신 모상을 흐려 놓는 다른 사람들의 투사로부터 해방시키는 것이다.

"자루도 속옷 두 벌도 신발도 지팡이도 지니지 말라"(10,9 이하)는 예수의 규범은 그 시대에 한정된 것으로 보이고, 초대교회 시대에 있었던 유랑설교가들에게만 해당되는 것으로 보인다. 하지만 이 말씀에도 우리에게 유효한 요청이 숨어 있다. 우리는 하느님의 말씀을 다른 사람에게 전해 줄 수 있는 무엇으로 소유하고 있는 것이 아니다. 우리는 삶과 하느님을 찾아가는 여정에 있는 순례자다. 오직 구도求道 순례자로서 우리는 우리 자신이 늘 하느님으로부터 받은 것을 전해 줄 수 있다. 관건은 우리의 능력이 아니라 하느님의 영이 우리를 관통할 수 있도록 하는 마음이다. 예수께서는 복음 선포가 모든 사람에게 도달해야 한다는 중압감에서 우리를 해방시키신다. 우리는 복음으로 평화를 선포하고, 사람들의 가정을 평화롭게 해야 한다. 우리는 사람들에게 무리한 요구를 해서는 안 되고, 내적으로 분열되어 있고, 자기 자신 및 주변 사람들과 평화롭지 못한 사람들에게 평화의 길을 보여 주어야 한다. 그러나 사람들이 이 평화를 원하지 않으면 모든 것이 우리의 잘못이라고 생각하거나 고민할 필요가 없다. 그냥 놔두어야 한다. "마땅치 않으면 그대들의 평화가 그대들에게 되돌아오기 바랍니다"(10,13). 우리는 실망하지 않고 내적으로 평화로운 상태에서 계속 가게 될 것이다. 우리는 각 사람의 자유를 인정하고, 기쁜 소식을 전하면서 체험하는 우리의 한계도 인정한다.

예수께서는 그리스도인들의 세상 파견을 수수께끼 같은 말씀으로 묘사하신다. "이제 내가 그대들을 보내는데 마치 양들을 이리떼 가운데 보내는 것과 같습니다. 그러니 뱀처럼 슬기롭고 비둘기처럼 순박해야 합니다"(10,16). 이리들 가운데 있는 양들로서 그리스도인들은 공격적인 사람들의 폭력에 무방비 상태다. 그들은 자신을 방어해서는 안 된다. 그러나 예수께서는 그들을 이런 상황에 아무런 보호막 없이 내버려 두시지 않는다. 그분은 슬기로움과 순박함을 요청하신다. 이것은 그 자체로 모순되게 보이고, 대부분의 성서 해설가들은 비둘기의 순박함과 깨끗함만을 강조했다. 그것은 그리스도교적 이상에 부합된다. 다른 뜻 없이, 적대자의 공격으로도 혼탁해지지 않고 깨끗한 마음으로 사는 것! 하지만 예수께서는 뱀의 슬기로움도 지시하신다. 오리게네스는 인간의 공격을 받은 뱀이 똬리를 틀고 머리를 곧추세우는 것을 뱀의 슬기로움이라고 해석했다(Luz 2,110 참조). 그렇게 그리스도인은 자기 머리를, 즉 신앙을 지켜야 한다는 것이다.

그러나 뱀은 옛날부터 자연의 지혜와 성性의 상징이다. 유다인들에게 뱀은 죄의 원형이었고, 다른 민족들에게는 생명력과 재생의 상징이었다. 예수께서는 유다교에서 부정적인 이 상징을 긍정적으로 사용하신다. 그리스도인들은 뱀처럼 슬기로워야 할 것이다. 그들은 생명력과 자연의 지혜 그리고 성 에너지와 접촉해야 한다. 그들은 높은 이상에만 자신을 맡길 것이 아니라, 본능 세계의 지혜, 뱀의 본능적인 슬기로움을 토대로 살아야 할 것이다. 자기 자신과 일치한 사람은 모든 공격에 대항하여 자신을 방어할 필요가 없다. 그는 그를 공격하고 싶은 사람에게서 뱀처럼 벗어난다. 우리는 항상 우리가 받아들일 수 없는 우리 자신의 어떤 면을 누군가 건드릴 때 공격

당했다고 느낀다. 자신 안의 모든 것, 본능적인 것도 비둘기의 순수한 눈으로 볼 수 있는 사람에게는 모든 것이 깨끗하다. 그는 이리들에게 찢기지 않고 그들 가운데 살 수 있다. 이리들의 사나움이 그를 조금도 해치지 못할 것이다.

그리스도인들은 사람들을 두려워해서는 안 된다. "그들을 겁내지 마시오. 가려진 것치고 벗겨지지 않을 것이 없고, 숨겨진 것치고 알려지지 않을 것이 없습니다"(10,26). 여기에 두려워하지 말아야 할 근거가 있다. 그것은 내 안에 숨겨진 것에 대한 앎이다. 내가 만약 숨겨진 생각과 마음의 열정을 두려워하지 않으면, 사람들이 내 마음의 비밀을 엿보려고 할 때 두렵지 않을 것이다. 내가 만약 내 안에 숨겨진 것을 하느님께 내드리고, 그분의 빛이 숨겨진 것을 드러내고 어두운 것을 밝게 하시는 것을 신뢰한다면, 나는 두려움 없이 살 수 있을 것이다. 내 영혼의 심연까지 포함해서 나의 모든 것을 아시는 하느님이 두려움으로부터의 진정한 해방이다.

마태오는 우리 내면 깊숙이 놓여 있는 두려움으로부터 해방되는 또 다른 길을 제시한다. "육신은 죽여도 영혼은 죽일 수 없는 자들을 겁내지 마시오"(10,28). 인간은 나를 단지 외적으로 해칠 수 있을 뿐이다. 그들은 내 몸을 때릴 수 있고 감정적인 상처를 줄 수 있다. 그러나 내 영혼, 내 마음의 내적인 영역을 그들은 공격할 수 없다. 내 안에는 인간의 힘이 미치지 못하는 무엇이 있다. 내 영혼 그곳에 하느님이 거하신다. 그리고 하느님이 거하시는 내 영혼의 내밀한 그곳을 어떤 사람도 해칠 수 없다. 내 영혼을 보호하시고 내 영혼 안에 사시는 하느님에 대한 믿음이 상처, 굴욕, 명예훼손 그리고 죽음에 대한 두려움에서 우리를 해방시킨다. 죽음조차도 내 인격의 내밀한 핵심을 파괴할 수 없다. 왜냐하면 그것은 하느님 손안에 있기 때문이다.

예수께서 세상에 평화가 아니라 칼을 주러 오셨다는 말씀을 마태오는 루가와 전혀 다른 맥락에 배치한다. 마태오에게 이 말씀은 제자들을 위한 훈화에 속한다. 예수의 길을 받아들이는 사람, 예수에 의해 이 세상에 파견되었다는 자의식을 가진 사람은 어디서나 평화를 주는 것이 아니라 칼도 준다는 것을 경험한다. 칼은 여기서 폭력의 상징이 아니라 분리의 상징이다. 우리가 선포하는 하느님의 말씀은 양분하는 칼과 같다. 그것은 우리 안의 생각을 분별한다. 하느님 말씀은 우리의 어떤 생각이 파멸의 생각이고 구원의 생각인지 밝혀 준다. 말씀은 결정을 요구한다. 그것은 듣고 즐길 수 있는 구속력 없는 말씀이 아니다. 하느님의 말씀은 우리의 선포를 통해서 인간의 가슴에 스며들고자 하고, 그곳에서 생명을 주는 생각과 인간을 해치는 생각을 분별하고자 한다. 선포의 말씀은 청자들에게 하느님을 선택하고 하느님께 반하는 모든 것에서 멀어질 것을 요청한다.

마태오는 십자가의 추종에 대한 말씀도 파견설교에 배치한다. 예수의 제자로 이 세상에 파견되었다는 자의식을 가진 사람은 죽음을 최종 결과로 받아들일 준비가 되어 있어야 한다. 본래 십자가를 받아들이는 것에 대한 말씀은 분명, 제자들은 순교를 각오해야 한다는 뜻이었을 것이다. 하지만 이미 초기 교부들은 이 말씀을 영적으로 풀이했다. 영적으로 풀이하면 십자가를 받아들이는 것은 자신에게 다가오는 수난을 긍정하는 것을 의미한다. 한 카르투지오 수도승[4]은 욕구와 욕망의 십자가에 대해 말한다. 초기 수도자들은 자신을 십자가를 지고 가는 사람이라 생각했다.

나는 예수의 이 말씀을 이렇게 이해한다. 내가 예수의 길을 받아들이면 십자가를 만날 것이다. 내가 겪는 고통이 십자가일 수 있다. 그러나 십자가는 또한 나를 방해하는 것일 수도 있다. 나를 하느님께 가까이 데려가는 어떤 것도 찾아 나설 필요가 없다. 십

---

[4] 브루노 성인에 의해 1084년 샤르트뢰즈에서 시작된 수도회로서 매우 엄격한 생활을 하는 수도회의 대명사다 — 역자.

자가는 하느님의 신비와 사랑으로 가는 왕도다. 십자가는 내가 나 자신을 위해 선택하지 않은 모든 것, 나를 가로막는 모든 것이다. 십자가는 나의 감수성일 수 있다. 내가 만약 감수성을 받아들이고, 그것과 화해하고 대화하기 시작하면 감수성은 나를 하느님께 인도할 것이다. 감수성은 내가 절제와 기도를 통해서 나를 무감각하게 만들 수 있다는 환상을 없애 줄 것이다. 그것은 내가 나에 대하여 만들어 놓은 이상향을 깨부술 것이다. 감수성은 하느님께 향하도록 나를 일깨울 것이다. 예수의 이 말씀 안에 어떤 지혜가 숨어 있는지 내가 나이를 먹을수록 더 선명해진다. 하느님께 향한 길을 내가 몸소 선택해야 할 필요는 없다. 그분이 나를 그 길로 보내신다. 이 길을 가는 도중에 나는 계속해서 십자가를 만나는데, 그것도 예상하지 못하는 바로 그 지점에서 만난다. 내가 십자가를 받아들이면 그것이 나를 예수처럼 하느님의 조건 없는 사랑으로 인도할 것이다. 하느님은 내가 아무것도 없는 바닥에 떨어질 때 바로 그곳에서 나를 일으키시고 새로운 삶을 위해 일깨우신다.

마태오는 파견설교를 산상설교와 유사한 말씀으로 마무리한다. "예수께서는 열두 제자들에게 지시하시는 일을 마치고 나서, 유다인의 여러 고을에서 가르치며 복음을 선포하려고 거기서 옮겨 가시게 되었다"(11,1). 이런 말씀으로 마태오는 다섯 가지 설교 후에 다음 이야기들로 넘어간다(7,28; 13,53; 19,1; 26,1). 이런 연계사로 그는 다섯 가지 설교에 특별한 무게를 둔다. 이 문체를 보면 복음서 저자는 아마도 다섯 가지 설교를 모세오경의 배경에서 이해한 것 같다.

마태오가 산상설교에서는 개별 그리스도인의 태도를 안중에 두고 있는 데 비해, 파견설교에서는 교회의 형상을 묘사하고 있다. 교회는 지상 예수의 삶과 파견을 죽음을 넘어 계속 살고 있다. "그래서 마태오에게 교회는 예수를 형성해 간다"(Luz 2,154). 교회는 예수의 복음을 온 세상에 전파하고 그분 삶의 형상을 넘겨받는다. 마태오가 중시하는 것은 제자들이 선포하는 가르침보다 그들의 실천이다. 예수께서는 그들의 행동에서 세상에 드러날 것이다. 교회는 예수의 수난에 동참한다. 교회는 마태오에게 제도가 아니라 형제자매들의 공동체다. 모든 사람들이, 주님이시고 스승이신 예수 그리스도의 제자들이고 학생들이다.

세례자가 보낸 사람들(11,1-19)

요한은 예수에게 세례를 주었다. 감옥에 갇혀 있는 지금 요한은, 이 예수가 정말 자기가 기다려 온 바로

'그'인가 하는 의심이 든다. 왜냐하면 이 사람은 요한 자신과 다르게 가르치기 때문이다. 예수의 설교는 요한과 달리 회개가 아닌 구원의 약속으로 시작한다. 마태오는 요한을 우리에게 의심하는 사람의 표본으로 제시한다. 우리가 요한처럼, 예수가 우리가 기다리던 사람인가 의심하면, 의심을 지나 참된 신앙에 이르게 되고, 그러면 이 예수가 진정 어떤 분이신지 알게 된다. 요한은 자기 의심을 통해서 예수께 도전하고, 자신을 사람들에게 설명하기 위해서 자기 제자들을 예수께 보낸다. 예수께서 질문자들에게 하신 답변은, 그분이 자신의 기적과 복음 선포를 어떻게 이해하셨는지 우리에게 보여 준다. 마태오는 예수의 답변에 대한 요한의 반응을 전하지 않는다. 그에게 관건은 더 이상 요한이 아니라 독자들이다.

8장과 9장에서 마태오는 예수의 기적과 그의 복음 선포 행적을 전한다. 이제 관건은 사람들이 예수에게서 듣고 본 것을 받아들여 예수를 선택하는 것이다. 예수의 기적은 그분의 위대함을 보여 주는 행적일 뿐 아니라 예수 안에서 드러난 구원을 선택하라는 부름이다. 예수께서는 답변에서 당신의 행적에서 실현된 이사야 예언자의 약속을 상기시키신다. "눈먼 이들이 보고 절름발이들이 걸으며 나병환자들이 깨끗해지고 귀먹은 이들이 들으며 죽은 사람들이 일으켜지고 가난한 이들이 복음을 듣습니다"(11,5). 예수께서 치유하시는 많은 병자들은 구원의 시대와 메시아의 시대를 알리는 표징이다. 독자는 이 예수를 믿을 것인지 아닌지 결정해야 한다. 치유에 대한 보도 다음에 제자들은 신앙의 결단을 요청한다. 지금 독자들을 예수를 위한 이 결단에 초대할 기회를 복음서 저자에게 주는 사람이 요한 세례자다.

10장과 11장에서는 이스라엘을 얻는 것이 관건이다. 이스라엘은 예수를 위해 결단을 내려야 한다. 왜냐하면 예수께서 당신 제자들을 바로 당신 자녀들에게 보내셨기 때문이다. 이스라엘의 대리자로서 요한은 예수께 귀의하고 신뢰하는 것이 성서에 부합함을 보여 준다.

요한 제자들의 질문에 대한 답변 다음에 예수께서는 군중에게 눈을 돌리신다. 그리고 세 가지 질문으로 요한 세례자에 대한 설교를 시작하신다. 예수께서는 이 질문으로 청중의 동의를 이끌어 내신다. 군중은 바람에 흔들리는 갈대나 고운 옷을 입은 사람을 보러 광야로 나가지 않았다는 것에 동의한다. 이 두 가지 — 갈대와 고운 옷 — 는 갈대를 자기 화폐에 새기도록 하고 고운 옷을 입은 헤로데 왕에 대한 풍자일 수도 있다. 예수께서는 헤로데에 대한 비판으로 청중을 자기편으로 만들 수 있다. 그러나 그것이 예수께 관건이 아니다. 그분은 청중들로 하여금 세례자의 형상에 호기심을 가지게 하고 싶으시다. 세례자는 예언자보다 더 훌륭한 사람이다. 그는 말라기 예언자가 말한 하느님의 심부름꾼이다. 그는 다시 와서 시간의 종말을 예고할 엘리야다. 그리고 "여자 몸에서 태어난 사람 가운데 세례자 요한보다 큰 인물이 난 일은 없습니다"(11,11). 그러나 요한은 구시대에 속한 인물이다. 하느님 나라에 있는 사람은, 예수에 의해 하느님 나라를 위해 자신을 개방한 사람은 요한보다 더 크다. 그는 하늘나라를 위한 증인일 뿐 아니라 하늘나라에 참여한 사람이다. 요한은 이스라엘을 회개시키기 위해서 엘리야를 등에 업고 등장한다. 예수께서는 당신 청중들에게 결단을 요구하기 위해서 요한 세례자를 하느님 나라 도래를 위한 핵심 증인으로 택한다.

"세례자 요한의 날부터 지금까지 하늘나라는 힘에 눌리고 있습니다. 힘쓰는 자들이 그것을 강탈합니다"(11,12). 옛날부터 이 말씀은 해석자들에게 수수께끼였다. 초대교회는 이 문장을 금욕적으로 이해했다. 즉, 자기 자신에게 엄격하고 우상숭배를 끊고 그에 맞서 열정적으로 싸우는 사람들이 하느님 나라를 강탈한다는 것이다. 그러나 본래의 의미는 다르다. 요한은 헤로데를 통해 폭력을 경험했다. 하느님 나라를 선포하는 모든 이들, 요한과 예수 그리고 예수의 제자들은 하느님 나라에 반대하는 사람들의 폭력을 경험하게 될 것이다. 헤로데와 같은 폭군들과 새로운 복음에 반대하는 모든 권력자들은 하느님 나라를 무력으로 강탈하고 싶어 한다. 그들은 하느님 나라에 반대하여 맞서지만 하느님의 다스리심은 관철될 것이다. 예수께서는 요한에게서 자신의 운명과 당신 제자들이 겪게 될 박해를 예견하신다. 동시에 그분은 하느님 나라를 위해 봉사하겠다는 결심을 보여 주신다. 예수께서는 이 말씀으로 세상이 가할 폭력에 놀라지 않도록 당신 제자들을 강화시키고자 하신다.

그다음에 예수께서는 그 세대를, 놀이는 하지만 일치는 할 수 없는 아이들에 비유하신다(11,16 이하). 한쪽 아이들은 혼인잔치 놀이를 하려고 하고, 다른 쪽 아이들은 장례식 놀이를 하려고 한다. 한쪽 아이들은 슬픈 노래를 부르려고 하고, 다른 쪽 아이들은 흥겨운 노래에 맞춰 춤추려고 한다. 예수께서는 사람들을 자신들이 무엇을 원하는지 모르는 아이들에 비유하신다. 그들은 모든 것을 원하고 어떤 것도 확정할 수 없다. 그들은 요한에게 비난의 근거였던 바로 그것을 예수에게서 원하고, 반대로 예수에게서 볼 수 없는 것을 요한에게서 찾고자 한다. 그들은 만족시킬 수 없다. 예수께서 어떻게 처신하든 관계없이 그분은 거부당하신다. 예수께서 요한처럼 행동하시면 사람들은 그분께 "귀신들렸다"고 뒤집어씌울 것이다. 그러나 이제 그분이 죄인들과 먹고 마시자 사람들은 그분을 먹보요 술꾼이며 세관원들과 죄인들의 친구라고 부른다. "그러나 지혜가 옳다는 것이 그 행한 일들로 드러났습니다"(11,19). 예수의 기적들은 하느님 지혜의 행적이다. 기적들을 통해 하느님 자신이 표현된다. 유다 문헌들에서 지혜는 많은 경우 한 인물로 묘사되었다. 지혜는 하느님의 치유하는 섭리를 표현한다. 요한네스 크리소스토무스는 하느님의 지혜를 야생동물을 포획하기 위해 양쪽에서 포위하는 사냥꾼에 비유했다. "그렇게 하느님은 이스라엘을 얻기 위해 한편으로는 금욕의 길을, 다른 한편으로는 이웃들과 함께하는 어울림의 길을 제시하셨다"(Luz 2,190). 예수께서는 전형적인 금욕주의자가 아니다. 그분은 사람들과 먹고 마시고, 그들의 기쁨을 나누고, 그들의 마음을 기쁘게 해 주는 사람이다. 예수께서는 요한 세례자의 엄격한 설교와 다른 맛을 남긴다. 그런데 우리 그리스도인들은 기쁨과 춤추는 자유의 이 맛을 아직 내재화하지 못했다. 우리는 반복해서 요한의 회개설교와 금욕적인 반성으로 퇴보한다.

예수의 찬양기도 (11, 25-30)

예수의 찬양기도와 수고하는 사람들과 짐을 짊어진 사람들에 대한 초대는 성서 주석에서 마태오 복음의 진주로 알려져 있다. 예수께서는 입문기도에서 아버지와의 친밀한 관계를 표현하신다. 그분은 아들을 통해 어리석은 사람들에게 자신을 드러내신 아버지께 감사하신다. 예수께서는 하느님 나라를 바로 가난한 사람들, 단순한 사람들, 소외된 사람들, 갈릴래아에 사는 남자들과 여자들, 시골의 가난한 사람들에게 선포하신다. 예수의 하느님께서는 학력을 근거로 하느님에 대해서 안다고 주장하는 사람들이 아니라 배우지 못한 사람들, 단순한 사람들, 순진한 사람들에게 당신 자신을 계시하신다. 예수께서는 당신의 복음 선포에서 이런 사람들을 아버지와의 친밀한 관계에 동참하게 하신다. 그분은 아버지를 진정으로 아는 유일한 아들이시다.

아들이 아버지를 안다는 것을 초대교회는 신비적으로 해석했다. 인식하는 것은 항상 사랑하는 것, 일치하는 것, 상대방에게 몰입하는 것이기도 하다. 그것은 아버지와 아들 사이의 내밀한 사랑의 관계다. 아들은 이제 그리스도인들도 아버지와의 사랑의 관계로 인도하신다. 그분은 그들을 아버지에 대한 당신의 신비 체험에 동참하게 하신다. 마이스터 엑카르트Meister Eckhart(1260~1327)[5]는 이 본문을 다음과 같이 이해했다. 우리의 지복은 하느님 인식에, 하느님과의 일치에 있다. 하느님과 일치하는 길은 아드님과 아드님께서 우리에게 맡기신 말씀이다(Luz 2,216 참조).

예수께서는 우리를 동참시키고자 하시는 신비 체험을 모든 수고하는 사람들과 짐을 짊어진 사람들에 대한 초대의 말씀으로 풀이하신다. "수고하며 짐진 여러분은 모두 나에게로 오시오. 내가 여러분을 쉬게 하겠습니다"(11,28). 예수의 이 초대는 여러 지혜의 말씀들, 일례로 집회서 51장 23-29절에 전해지는 말씀들과 흡사하다. 어리석음이 소음으로 가득한 데 반해 지혜는 사람을 평온하게 해 준다. 지혜는 배우지 못한 사람들에게 향하고, 그 멍에는 가볍다. 마태오는 예수의 이 말씀으로 예수께서 지혜의 참 스승이시라는 것을 보여 준다. 우리는 그분에게서 유다인이나 그리스인이나 할 것 없이 늘 갈구하던 지혜를 나눈다. 예수께서는 온 세상 지혜의 화신化身이시다. 그렇기 때문에 우리는 그분의 말씀을 다른 종교와 문화에 등장하는 지혜의 스승들의 말씀과 함께 볼 때 비로소 온전히 이해할 수 있다.

---

[5] 엑카르트는 도미니코회 수사신부로서 중세 말기 대표적인 신비가였다 — 역자.

예수께서는 수고하고 짐을 짊어진 사람들에게 눈을 돌리신다. 해석자들은 이것을 상이하게 풀이했다. 어떤 이들은 유다교 율법을 짐으로 생각한다. 하지만 예수께서는 율법을 폐기하지 않고 풀이하셨다. 그것은 오히려 율법을 짐으로 만드는 실적에 대한 중압감일 것이다. 내가 모든 것을 올바르게 해야 한다는 압력을 받으면 이 짐이 나를 짓누른다. 아우구스티누스는 이 말씀을 이렇게 풀이했다. "우리에게 주어지는 것이 아무리 무겁다 해도 사랑은 그것을 가볍게 해 준다"(Luz 2,220). 해방신학은 짐을 힘센 자들과 부자들에 의한 착취로 해석한다. 심리학자들은 짐을 과거의 상처로 인한 무게나 우리를 내리누르는 내적인 삶의 본보기, 예컨대 항상 잘못의 탓을 자기 자신에게로 돌리고 자신을 비하하고 억누르는 본보기로 풀이할 것이다. 많은 이들에게는 그들의 신심도 그런 짐이 되었다. 예수께서는 우리를 짓누르고 힘겹게 하는 영성이 아니라 우리를 평온하게 하는 영적인 길을, 우리 자신과 일치할 수 있고 진정한 평화를 찾을 수 있는 영적인 길을 선포하고자 하신다.

  예수께서는 우리에게 이 평온함을 약속하셨을 뿐 아니라 거기에 도달하는 길도 보여 주신다. 우리가 영혼의 평화를 얻으려면 그분에게서 두 가지 태도를 배워야 한다. 첫째 태도는 너그러움과 온유함, 자기 자신과 사람들에게 끝없는 인내로 베푸는 친절이다. 평온해지고 싶은 사람은 자기 자신에게 자비로워야 한다. 자기 자신에 대하여 분노하는 것을 중단해야 한다. 자신 안에서 발견되는 모든 것을 온유한 시선으로 보고 활동을 멈추고 조용해지면 우리는 진정으로 평온해진다. 조용할 때 자신 안에서 솟아오르는 것에 대항하여 싸우는 사람은 결코 평온해질 수 없는 법이다.

둘째 태도는 겸손이다. 겸손은 자신의 인간성, 영혼의 심연으로 내려가는 용기다. 예수께서는 마음으로 겸손하시다. 그분은 땅의 심연으로 내려가셨지만 가슴을 잊지는 않으셨다. 그분은 자기 자신과 우리의 심연에서 보신 모든 것을 너그러운 마음으로 보셨다. 예수의 이 길을 가는 사람은, 예수의 짐은 가볍고 그의 멍에는 짓누르지 않는다는 것을 경험할 것이다. 예수께서는 우리를 내리누르는 대신 일으켜 세우신다. 그분은 우리에게 무거움과 우울함 대신 가벼움과 내적인 자유를 주신다. 그분은 희생 제물이 아니라 자비를 선포하신다(9,13과 12,7 참조. 마태오는 두 번 다 호세 6,6을 인용한다). 그리스도인은 합법성의 희생 제물이 되어서는 안 된다. 그는 자신을 스스로 완벽주의의 제단에 희생 제물로 봉헌해서는 안 되고 자신을 자비롭게 대해야 한다. 자비는 예수께서 자신의 전 존재와 말씀으로 제자들에게 전달하고자 하신 근본 태도다.

하늘나라에 대한 설교(13장)

마태오는 13장에서 일련의 비유들을 묶어 긴 설교로 편집했다. 거기에는 이런 형식으로 시작하는 비유가 현격히 잦다. "하늘나라는 … 와 같습니다." 루가 복음에는 이런 서두가 두 번밖에 나타나지 않는데, 마태오 복음에는 열 개의 하늘나라 비유에서 나타난다. 예수께서는 하늘나라의 비유로 사람들에게 이렇게 말씀하신다. 그대는 하늘나라를 미래에서 찾을 필요가 없습니다. 그대가 이 땅에서 "하늘에 계신 하느님의 뜻에 맞게"(Limbeck 189) 행동한다면 하늘나라는 이미 지금 거기에 있는 것입니다.

비유들은 상징들로 가득하다. 하늘나라, 하느님의 다스리심, 하느님의 치유하고 해방시키는 현존에 대해서는 오직 상징으로만 말할 수 있다. 물론 사람의 마음을 건드리고 사람들 내면에서 무엇인가 움직이도록 하는 상징들이어야 한다. 나는 몇 가지 비유만 간단히 풀이하고 싶다.

첫째 비유는 하늘나라의 비유가 아니다. 예수께서는 배에 앉아 계시고, 백성은 그분의 말씀을 경청한다(13,2). 앉아 있는 것은 스승의 전형적인 자세다. 예수께서는 씨 뿌리는 사람에 대해서 이야기하신다. 씨앗의 일부는 길가에, 다른 일부는 돌밭 그리고 또 다른 일부는 가시덤불 속에 떨어진다. 이 비유는 그리스도인 공동체에게 해당된다. 모든 그리스도인들은 씨앗의 상징으로 묘사된 예수의 말씀을 들었다. 그러나 많은 그리스도인들의 영혼은 길과도 같다. 그들은 조용히 정지한 채 머무르지 못하고 깊이가 없다. 모든 것이 표면에 머무르고 공개적이다. 그래서 하느님의 말씀이 깊이 스며들지 못한다. 새들이 씨앗을 쪼아 먹는다. 그들 안에 떠오르는 수많은 생각들이 하느님 말씀이 영혼 안으로 스며드는 것을 방해한다. 하느님에 대한 수많은 생각 때문에 하느님은 우리 마음에 오실 기회가 없다.

돌밭은 하느님 말씀에 매료된 사람들의 상징이다. 그러나 그들은 끈기가 없다. 말씀은 표피층인 감정까지밖에 뿌리를 내리지 못한다. 말씀이 가슴 깊은 곳까지 가 닿지 못한다. 가시덤불은 환난을 상징하고 상처를 상징하기도 하며, 우리를 해치는 가시, 우리가 스스로 우리 자신을 해치는 가시를 상징한다. 가시덤불은 씨앗을 자라지 못하게 한다. 가시덤불이 씨앗을 질식시킨다고 예수께서는 말씀하신다. 그것은 씨앗보다 더 무성하게 자라 씨앗이 숨 쉴 여백을 차지한다. 걱정으로 시달리는 사람이나 자기 상처에 매달려 있는 사람은 씨앗의 성장을 방해한다.

그러나 대부분의 씨앗은 좋은 땅에 떨어진다. 거기서 씨앗은 풍성한 결실, 백 배·육십 배·삼십 배의 결실을 맺는다. 각 사람에게 씨앗은 다르게 결실을 맺는다. 이것을 보면 마태오가 듣는 것과 행하는 것을 함께 본다는 것이 분명해진다. 그리스도인 실존은 새로운 태도 안에서 결실을 맺어야 한다. 그런데 여기 다른 상징이 등장한다. 활기참과 풍요로움은 참 영성의 표시다. 하느님에 의해 변모된 사람은 풍요로움에서 눈에 띄고, 그에게서는 생기가 돌고, 상상력과 창의성이 샘솟는다(13,4-9).

가라지 비유는 마태오 복음에만 전해진다(13,24-30). 이 비유는 다양하게 해석할 수 있다. 첫째 해석은 공동체에게 해당된다. 마태오는 예수의 이 비유를 의식적으로 공동체 안에 있는 엄격주의자들을 겨냥하여 이야기한다. 분명히 마태오가 활동했던 공동체에 결백한 교회를 원했던 그리스도인들이 있었을 것이다. 모든 죄인들은 추방되어야 했을 것이다. 그러나 예수께서는 이런 엄격주의를 반대하신다. 그리스도인 공동체는 마지막 날까지 곡식과 잡초가 함께 자랄 것이다. 예수께서는 여기서 곡식과 매우 흡사한 가라지에 대하여 말씀하신다. 가라지를 너무 일찍 뽑아 버리는 사람은 종종 곡식도 함께 끊어 버리게 된다. 왜냐하면 곡식과 가라지의 뿌리가 한데 뒤엉켜 있기 때문이다. 가라지와 곡식이 다 자라 열매를 맺으면 쉽게 구분할 수 있다. "이런 이유 때문에 팔레스티나 사람들은 가라지를 부분적으로 수확기까지 자라게 놔둔다. 곡식을 낫으로 베는 추수꾼들이 가라지를 버리고, 그럼으로써 잡초가 곳간에 섞여 들어가는 것을 막는다"(Limbeck 190). 훌륭한 추수꾼처럼 공동체도 좋은 것과 나쁜 것을 자라도록 놔두어야 한다. 악한 사람들을 제거할 권리가 공동체에게는 없다. 그것은 하느님 자신이 추수 때 하실 일이다. 판단할 권리는 인간에게 있지 않고 하느님에게만 있다.

이 비유를 인간 영혼의 상징으로도 해석할 수 있다. 그렇게 보면 영혼은 밭이다. 우리가 잠자는 밤에, 우리가 의식 없이 허송세월하는 밤에 원수가 잡초씨를 뿌린다. 우리가 낮에 의식을 가지고 영혼의 밭을 보기만 하면 거기에 곡식이 가라지 옆에서 자라고 있음을 알게 된다. 우리가 가라지를 뽑아 버리고 싶으면 곡식도 함께 뽑아 버려야 한다. 그러면 아무것도 자라지 못할 것이다. 우리는 완벽주의적으로 무결점에 집착해서는 안 될 것이다. 왜냐하면 이 완벽주의의 대가가 무결실이기 때문이다. 거기서는 곡식도 자라지 못할 것이다. 마지막에 우리는 추수할 것이 아무것도 없게 된다. 곡식과 가라지가 함께 자랄 때에만 곡식은 꽃이 핀다. 물론 우리는 가라지를 무성하게 자라도록 놔두어서도 안 될 것이다. 가라지는 주시해야 하고, 유사시에는 잘라 내야 한다. 뽑아 버리는 것만은 우리가 할 수 없다. 우리 영혼 깊은 곳에는 우리 안에 있는 모든 잘못된 것들을 퇴치하려는 성향이 있다. 하지만 그러면 우리 영혼은 황폐해질 것이고, 좋은 것도 더 이상 자라지 못할 것이다. 곡식과 가라지를 둘 다 자라도록 놔두기 위해서는 많은 인내심과 평상심이 필요하다. 그리고 모든 것을 평가해야 한다는 내적인 강박관념으로부터의 자유가 필요하다. 곡식과 가라지를 평가하는 것을 포기하는 것이다. 그들을 자라도록 놔두고, 곡식과 가라지에 대한 판단은 추수의 주인이신 하느님께 맡겨 드리는 것이다.

겨자씨 비유와 누룩 비유는 마태오와 루가 모두가 전한다(13,31-33). 교부들은 겨자씨를 종종 내적 인간에게 뿌려지는 믿음으로 풀이한다. 그것은 단번에 나무로 자라고, 다른 이들이 그에게 의지한다. 그의 주변에 공동체가 형성되고, 하늘의 새들은 나뭇가지에 집을 짓는다. 믿음이 스며든 사람은 생기 있고 경쾌하며 하늘을 향해 열려 있다. 누룩은 (그리스어의 문자적 의미가 그렇듯이) 밀가루 서 말 속에 넣는다. 아우구스티누스는 누룩을 우리 안에 있는 모든 것에 스며드는 사랑의 상징으로 풀이했다. 교부들은 밀가루 서 말을 알레고리적으로 해석[6]했는데, 그것도 인간 내면의 세 영역, 즉 생각과 감정과 욕구 내지 육신과 감각과 이성으로 풀이했다. 우리 내면의 모든 영역은 믿음이나 사랑으로 물들어야 한다는 것이다. 그러면 우리는 다른 사람들을 위한 양식이 된다. 누룩을 밀가루에 섞는 사람은 어떤 부인이다. 부인은 인간 안의 여성적 측면, 즉 온전함에 대한 감각·거듭남·변모를 상징한다. 밀가루는 손가락 사이를 빠져나가는 것의 상징일 수도 있다. 우리는 종종 우리 삶이 밀가루와 같다고 느낀다. 우리의 생각과 감정을 종잡을 수가 없다. 우리 안에는 그렇게 많은 것들이 서로 연결되지 않은 채 널려 있다. 우리 안의 무의식은 모든 것 위에 쌓여 있는 먼지와도 같다. 어디서 그 먼지가 오는지 모르지만, 모든 것이 먼지로 뒤덮인다. 사랑의 누룩이 우리 안에 있는 모든 것에 스며들면 분산되어 있던 것, 도저히 잡히지 않던 것들이 통일된다. 밤 동안 모든 것이 누룩으로 발효되어

---

[6] "알레고리적 해석"은 초대 교부시대에 통용되던 비유 해석 방법으로서 비유 본문에 등장하는 모든 것을 현재의 상황에 맞추어 해석한다 — 역자.

다른 사람들이 먹을 수 있는 빵이 될 수 있다.

밭에 숨겨진 보물에 대한 비유와 값진 진주를 발견한 장사꾼이 모든 것을 팔아 그 진주를 샀다는 비유에 대해서는 마태오만 이야기한다(13,44-46). 두 비유는 많은 민담과 동화를 통해 잘 알려진 상징들을 사용한다. 복음은 그것을 위해 가진 모든 것을 팔 가치가 있을 정도로 값지다. 교부들은 이 비유들을 상징적으로 풀이했다. 밭에 숨겨진 보물은 성서에 숨겨져 있는 그리스도다. 그리스도는 진정한 자기의 상징이기도 하다. 진정한 자기, 내 안에 있는 하느님의 훼손되지 않은 모상 ― 이미지 ― 은 밭에, 땅에, 보잘것없는 흙에 숨겨져 있다. 나는 진정한 자아를 찾으려면 땅을, 내 삶의 지저분한 바닥을 파야 한다. 그러나 자신의 내밀한 핵심, 자기의 신적인 핵심을 만난 사람에게는 다른 모든 것이 중요하지 않다. 그는 거기서 참된 삶을 발견하고, 나머지 모든 것을 팔 수 있다.

교부들은 진주도 종종 그리스도 자신으로 풀이한다. 진주가 조개 안에서 자라듯이 그리스도께서는 동정 마리아의 자궁에서 태어난다. 그리스 신화에서 사랑의 여신인 아프로디테는 조개에서 탄생한다. 이렇게 인간이 된 사랑이신 그리스도께서는 그리스 사랑의 여신을 능가한다. 조개 안의 진주처럼 그리스도의 신성은 육신 안에 숨겨져 있고, 내 육신 안에도 숨겨져 있다. 내가 내 안에서 그리스도를 발견하면 나는 참된 부를, 다른 모든 것을 능가하는 영혼의 내적인 부를 발견한 것이다. 그러면 나는 더 이상 내 소유물과 지금까지 내가 이룩한 모든 것에 집착하지 않는다. 값진 진주를 얻기 위해 나는 모든 것을 놓을 수 있다.

그물 비유(13,47-50)도 마태오 복음에만 전해진다. 이것은 심판의 비유다. 그물은 좋은 물고기와 나쁜 물고기가 들어 있는 교회의 상징이다. 그러나 어부가 좋은 물고기와 나쁜 물고기를 구별하듯이, 하느님의 천사가 세상 종말에 사람들을 그렇게 할 것이다. 이 비유는 좋은 물고기에 속하기 위해서 모든 것을 투자하라고 그리스도인들에게 요청하는 경고의 비유다. 선을 위한 결단을 통해 좋은 물고기들 사이에 있는 것은 그들 자신에게 달려 있다. 마태오는 심판의 상징으로 벌하시는 하느님 상을 우리에게 부각시키려는 것이 아니라 단지 우리 태도의 결과를 가리키고자 할 뿐이다. 우리가 좋은 물고기에 속할 것인지 아닌지는 예수의 말씀에 대한 응답, 투신에도 달려 있다.

13장 52절에서 마태오는 자기 자신의 특징을 말한다. 그것은 일종의 자화상이다. "하늘나라의 제자가

된 모든 율사는 자기 곳간에서 새것들과 헌것을 꺼내 주는 집주인과 비슷합니다." 마태오는 구약성서를 공부한 율사이고 고등교육을 받은 사람이다. 그는 보물을 관리하는 집주인에 비유된다. 그는 구약성서의 보물 창고에서 새것들과 헌것들을 꺼낸다. 마태오는 예수의 새로운 복음과 그에게 주어진 구약의 헌것을 연결한다. 그리스도인 율사는 예수의 복음을 구약성서의 빛으로 읽고 이해하는 능력을 필요로 한다. 마태오에게 관건은 구약성서의 내용과 예수의 복음 사이의 연속성을 보여 주는 것이다. 오늘날 우리는 이 능력을 더 확장할 필요가 있다. 관건은 구약성서와 신약성서의 연속성을 보여 주는 것만이 아니라 예수를 모든 민족들의 지혜의 화신으로, 그 지혜의 완성으로 선포하는 것이다.

예수께서 물 위를 걸으시다 (14,22-33)

물 위를 걷는 것은 옛날부터 인간의 갈망이었다. 꿈에서 우리는 물 위를 걸을 수 있다. 그리스에서는 물 위를 걷는 것이 신들에게만 유보되어 있었다. 인간에게는 불가능한 일이다. 그리스도께서 탄생하시기 훨씬 전에 생긴 불교의 한 이야기에서 자기 스승을 찾아 길을 가는 어떤 제자가 물 위를 걷는다. 그는 부처님을 생각하자 물 위를 걷게 된다. 그러나 그가 강 한가운데 이르러 부처님 생각을 하지 않자 물에 빠지기 시작한다. 그는 다시 부처님께 생각을 집중하여 강 건너편에 도달한다(Luz 2,410 참조).

불교에 이런 흡사한 이야기가 있다는 것이 마태오 복음에 전해지는 이 장면의 역사성을 부정하는 것은 아니다. 그러나 유사한 이야기들은, 예수께서 물 위를 걷는 이야기가 제자들과 마태오 복음서 독자들에게 어떻게 작용했는지를 보여 준다. 예수께서는 그들이 겪는 모든 어려움에 함께하시며, 그들을 두려움에서 구해 주신다. 제자들이 깊은 신뢰를 가지고 예수를 생각하면 두려움과 불안의 물, 난관과 위험의 물 위를 걸을 수 있다.

배 안에 있던 예수의 제자들은 파도에 시달리고 있다. 그리스어 *basanizo*(바사니조, 시달리다)는 인간의 고통과 괴로움을 표현한다. 우리는 밤에 의문과 무의미에 시달리고, 우리 자신의 불안전성을 체험한다. 물은 목까지 차오르고, 우리 삶의 높은 물결은 우리를 이리저리 내팽개친다. 우리는 두려움에 휩싸인다. 하지만 어금니를 꽉 깨물고 있는 힘을 다해 노를 저을수록 상황은 더욱 악화된다. 우리는 배를 더 이상 조종할 수 없다. 파도에 내던져진 것이다. 마태오는 이것을 또 다른 상징으로 표현한다. "그들은 역풍을 만난 것이다"(14,24). 이것은 모든 것, 사람들과 운명이 우리를 거스르는 상황의 상징이다. 아무것도 되는 일이 없다. 모든 것이 어려워진다. 우리는 침몰하지 않으려고 있는 힘을 다해 역풍에 저항하지만 견뎌 낼 수가 없다.

밤 사경(새벽 세 시부터 여섯 시까지 — 역자 주)에 예수께서 물 위를 걸어 제자들에게 다가오신다. 성서에서 밤 사경은 하느님께서 도움의 손길을 내미는 시간이다. 야훼께서는 홍해에서 밤 사경에 이집트인들을 혼란에 빠뜨리셨다. 밤 사경은 40이라는 숫자와 연결되는 중년기 위기의 상징일 수도 있다. 중년기에 우리는 우리의 존재와 삶을 지탱하는 근거를 잃는다. 그때 우리의 무의식 속에서 지금까지 억제되어 있던 폭풍우가 휘몰아친다. 그러나 중년기는 동시에 변화의 시기다. 예수께서 물 위를 걸어오시면 제자들의 운명이 바뀐다. 하지만 그들은 처음에는 겁을 먹는다. 그들에게 다가오는 형상이 유령이라고 생각한다. 하느님 체험은 늘 편안하기만 한 것이 아니다. 그것은 두려울 정도로 우리를 깜짝 놀라게 할 수도 있다. 그러나 예수께서는 제자들에게, 자비로우신 아버지 하느님께서 인간에게 어떻게 다가오고 싶은지를 보여 주신다. "힘내시오, 나요. 무서워하지 마시오"(14,27). 예수의 하느님은 우리를 두려움에서 해방시키시는 분이고 신뢰에 초대하시는 분이시다. "나다"라는 말씀으로 예수께서는 불타는 가시덤불에서 있었던 야훼의 계시를 생각하게 한다. 하느님께서는 예수에게서 자기 자신, 이스라엘 백성을 이집트에서 이끌어 내시고 홍해를 안전하게 건너게 하신 하느님 자신을 드러내신다.

베드로는 예수를 알아보자 즉시 용기를 낸다. 그는 예수께서 도와주시리라 믿고 배를 떠나 물 위를 걷는 모험을 감행한다. 배는 우리가 떠나야 하는 자아의 상징일 수 있다. 자아가 무의식에 의해 정신없이 흔들리면, 우리는 자신의 편협함을 깨고 나와야 하고 자신이 만들어 놓은 경계를 뛰어넘어야 한다. 배는 공동체의 상징일 수도 있다. 심각한 위기에 처해 있을 때 우리는 공동체가 우리를 구할 것이라고 믿을 수 없다. 그때는 스스로 공동체를 떠나 신뢰의 길을 가야 한다. 예수를 바라보는 한, 베드로는 물 위를 걸을 수 있다. 그리스도께 시선을 집중하는 것이 삶의 불안 한가운데서 우리를 구한다. 하지만 거센 풍랑을 보자마자 베드로는 물 속으로 가라앉는다. 문제만 보면, 높은 파도만 보면 우리는 물 속에 빠진다. "주님, 저를 구해 주십시오!"라고 베드로는 비명을 지른다. 마태오는 베드로의 두려움에 찬 절규를 묘사하면서 시편 69장을 연상시킨다. 이 시편에서 신심 깊은 유다인들은 — 그리스도인들도 이런 말로 기도해야 할 것이다 — 물이 목까지 차올라 집어삼키려고 하는 상황에서 구해 달라고 청원한다. 예수께서 손을 내밀어 베드로의 손을 잡는다. 예수의 응답은 베드로뿐 아니라 믿음이 약해진 모든 그리스도인들에게도 해당된다. "믿음이 약한 사람! 왜 의심했습니까?"(14,31). 약한 믿음이라는 단어는 마태오의 전형적인 표현이다. 그것은 마태오가 글을 보내는 그리스도인들에게 해당된다. 그들은 믿지만 그 믿음이 약하다. 그들의 믿음은 폭풍우와 풍랑에 시달릴 때 그들을 붙잡아 주지 못한다. 예수께서는 우리 삶의 한밤중에, 우리를 위협하는 폭풍우 한가운데 계시다. 그분은 우리의 믿음을 강하게 하려 하신다. 예수를 신뢰하고, 믿음 안에서 그분에 의해 강해진다면, 우리 믿음은 산을 옮길 수 있을 것이고, 우리는 물 위를 걸을 수 있을 것이다. 그러면 우리 존재와 삶을 지탱하는 근거를 잃어도, 사람들이 우리를 떠나도, 가진 것을 잃어도, 우리 주변의 모든 것이 무너져도, 우리는 지탱하고 견딜 수 있을 것이다.

예수께서는 베드로와 함께 배에 오르신다. 그러자 즉시 바람이 그친다. 베드로는 자기 에고의 편협한 배에서 나왔다. 예수께서 이제 그와 함께 배에 오르시면 베드로는 더 이상 자신의 편협함 속에 갇혀 있지 않다. 융C.G. Jung은 이것을 베드로가 자아(Ego = 거짓 나 — 역자 주)를 떠나 자기(Self = 참 나 — 역자 주)에 도달한 상징으로 해석한다. 자기는 인격Persona의 중심이다. 자기 안에 하느님께서 이미 현존하신다. 우리 안에 계신 하느님을 받아들일 때에야 우리는 자기에 도달할 수 있다. 우리가 자기에 도달하면, 그리스도를 우리 배 안에 모시면, 바람이 멎고, 불안은 사라지며, 우리 마음은 평온해진다.

교회를 떠난 지 오래되었고 하느님과 무관하게 살고 싶었던 어떤 고위 관리자가 나에게 이런 이야기를 했다. 그는 하느님이 그립지는 않았지만 끔찍한 불안에 시달렸다고! 어떤 아는 사람이 그에게 말했다. "당신은 불안 때문에 심리 치료를 받아야 할 겁니다." 이 관리자는 불안한 가운데 며칠 동안 시간을 내서 수도원을 찾았다. 거기서 그는 자신의 마음을 하느님께 개방할 정도로 시편 말씀에 감동을 받았다. 지금 그는 안정을 다시 찾았다. 그 사람과 이야기를 나누면서 나에게는 예수께서 물 위를 걸으신 이야기의 의미가 새롭게 떠올랐다. 예수께서 내 배에 오르시면, 나는 평온해지고, 내 삶은 변모되며, 내 인생의 풍랑과 파도에 대한 두려움이 사라질 것이다. 그러면 나는 외적으로 불안정한 상황 한가운데서 평화를 체험할 것이다. 이렇게 이 이야기는 소란 속에 살고 있는 우리에게 위로와 도움을 주는 이야기다. 괴테J.W. von Goethe(1749~1832)는 이 장면을 "내가 아주 좋아하는 매우 아름다운 이야기 중의 하나"(Luz 2,411)라고 했다. 믿음은 커다란 어려움에 시달리는 한가운데서도 침착하게 우리의 길을 가는 데 도움을 준다. 물도 믿는 사람을 떠받친다. 주변에 파도가 휘몰아쳐도 믿는 사람은 물 속에 빠지지 않는다.

베드로의 메시아 고백(16,13-28)

마태오 복음에서 베드로라는 인물은 중요한 역할을 한다. 베드로는 무엇보다도 시리아 교회에서 최고의 권위를 지닌 인물이었고, 거기서 마태오 복음서도 형성되었다고 많은 성서 주석가들은 생각한다. 가톨릭 성서 주석에서 이 본문은 항상 교황의 수위권을 주장하기 위한 근거로 제시되었다. 그러나 오늘날에는 가톨릭 성서 주석가들조차 이런 해석을 멀리한다. 개신교 성서 주석은 종종 베드로를 믿음이 강한 제자의 전형으로 본다. 오늘날 성서 주석가들은, 베드로는 각 제자의 전형일 뿐 아니라, 교회 성립 과정에서 특별한 역할을 한 역사적으로도 유일한 인물이라는 점에서 의견을 같이한다. 마태오는 베드로를 유다계 그리스도인과 이방계 그리스도인 사이에서 교량 역할을 수행한 인물로 본다(Luz 2,469 이하 참조). 이 역사적으로 유일한 인물인 베드로는 그러나 동시에 모든 그리스도인의 원형이었다. 그리스도인은 베드로처럼 믿기도 하고 의심하기도 한다. 그는 그리스도의 제자이면서 동시에 그리스도의 반대자다. 그리스도인은 그리스도를 고백하기도 하고 배신하기도 하며, 강하면서도 약하고, 사랑하면서도 배신한다. 그러나 결정적인 것은 그리스도와 연결되어 있는 것이다. 제자가 베드로처럼 항상 그리스도께 돌아가고, 그리스도를 메시아로 고백하면, 그는 예수와 마태오 복음이 말하는 진정한 제자다.

예수께서는 제자들에게 사람들이 자신을 어떤 인물로 여기느냐고 물으신다. 제자들의 답변은 오늘날 우리도 예수를 늘 본래 그분으로 보지는 않는다는 것을 암시한다. 우리도 마음 안에서 마태오가 초대하고 싶었던 본래 그리스도 고백과는 거리가 있는 답변을 한다. 우리는 예수를 요한 세례자로 여긴다. 요한은 위대한 금욕주의자다. 금욕은 물론 그리스도교 신앙의 한 부분이다. 그러나 금욕이 전면에 부각되면 우리는 사람들이 먹보요 술꾼이라고 했던 예수에게서 중요한 무엇을 간과하게 된다. 포기하는 것이 즐기는 것보다 항상 더 좋다면, 금욕이 삶의 부정이 되고 다른 사람들에 대한 잠재적인 공격성으로 진행되면, 금욕으로 인해 예수를 보는 우리의 시선은 흐려지게 될 것이다.

엘리야는 위대한 예언자이지만, 동시에 매우 엄격한 방식으로 순수한 믿음을 보존하려고 싸웠고 그 과정에서 모든 바알 사제들을 죽였다. 예수께서는 가장 위대한 예언자이시고, 자기와 생각이 다른 사람들을 없애는 것이 아니라 얻기를 원하신다는 점에서 엘리야와 구별되신다. 그분은 생각을 달리하는 사람들에게 반대하는 설교를 하지 않고 하늘나라에 초대하신다. 예수께서는 모든 사람에게 회개할 기회와 하느님 사랑으로 잔치에 초대받을 기회를 주신다. 유감스럽게도 교회 역사에서는 엘리야처럼 공격적이고 잘난 체하는 사람들이 계속 등장했고, 그들은 그리스도인들을 다르게 생각하는 사람들과의 불행한 싸움으로 내몰았다. 예수는 엘리야가 아니다.

예레미야는 수난받는 의인이다. 예수께서도 수난의 길을 가실 것이다. 그러나 예레미야는 우리에게 고통을 예찬하고 피학적인 인생관을 발전시킬 위험을 상기시킨다. 피학증 환자는 행복보다 고통을 더 나은 것으로 여긴다. 그러나 예수께서는 우리가 고통을 받도록 하기 위해서가 아니라 행복해지도록 하기 위해서 오셨다. 우리는 내적인 평화와 기쁨을 향해 가는 여정에서 수난을 겪는다. 그러면 우리는 그

수난을 피할 것이 아니라 받아들이고 극복해야 할 것이다. 이런 방식으로 우리는 두려움 없이 진정한 삶을 향한 길을 갈 수 있다.

예수의 첫째 질문에 모든 제자들이 대답했다. 그러나 "그러면 그대들은 나를 누구라고 하겠습니까?"라는 질문에는 시몬 베드로가 혼자 대답한다. "살아 계신 하느님의 아드님 그리스도이십니다"(16,16). 메시아는 자기 백성을 종살이에서 해방시키시는 분이다. 따라서 예수는 본질적으로 인간을 자유에 인도하시는 분이다. 마태오에게 예수는 무엇보다도 하느님의 아들, 사탄의 모든 유혹을 물리치고 자신의 아들 자격을 보존하신 순명적이고 사랑이 많은 아들이시다. 예수는 살아 계신 하느님의 아들이시다. *theos zon*(테오스 존, 살아 계신 하느님)이라는 표현은 복음 선포에서 매우 중요한 하느님 표시가 되었다. 그것은 죽어 있는 신들과 달리 살아 계시고 생명을 창조하시는 하느님이라는 뜻이고, 인류 역사 안에서 활동하시는 하느님이라는 뜻이다. 나는 이 단어를, 예수의 하느님은 삶의 하느님이시고, 우리 자신이 살아 있는 곳에서만 그분을 만난다는 의미로 이해한다. 우리가 삶을 찾는 것이 예수께는 중요하다. 자기가 고백하는 것을 체험하지 못하면서 정확한 고백에만 집착하는 사람은 하느님을 이해하지 못한 것이다. 예수를 올바로 본다는 것과 그분을 통해 하느님을 안다는 것은 자유로워지는 것, 하느님의 아들이 되는 것 그리고 생기 있는 사람이 되는 것을 뜻한다.

예수께서는 베드로를 복된 사람이라고 칭찬하신다. 베드로는 진정으로 하느님의 신비와 예수의 신비에 부합하는 믿음을 고백했다. 마태오는 모든 그리스도인을 이 믿음에 초대하고자 한다. 베드로에게 하신 예수의 약속은 교회사에서 매우 논쟁적으로 해석되었다. "그대는 베드로입니다. 나는 이 바위 위에 내 교회를 세울 터인데 저승 문들도 내리누르지 못할 것입니다"(16,18). 동방교회는 오리게네스의 해석을 따른다. 예수께서 자신의 교회를 세울 바위는 베드로의 믿음으로 해석된다. 그리스도인들이 베드로처럼 믿으면 교회는 바위 위에 세워지는 것이고, 지하 세계의 문들은 교회를 정복하지 못할 것이다. 교회 안과 주변에는 아직 수많은 어두운 세력들이 들고일어날 수 있다. 그러나 교회는 그런 세력들에 의해 멸망하지 않을 것이다.

아우구스티누스는 그 단어를 달리 해석한다. 교회가 세워질 바위는 그리스도이시다. 바울로는 예수 그리스도를 바위라고 불렀다(1고린 10,4). 베드로의 이름은 그리스도 바위(= petra)에서 유래한다. 아우구스티누스의 해석은 중세에 결정적인 영향을 끼쳤다.

그 외에 로마교회의 해석이 있는데, 여기서는 베드로와 그 후에 관련된 말씀이 교황직권을 지칭하는 것으로 해석된다. 이 해석은 레오 대교황에게서 유래하지만, 그는 본문을 법의 차원보다 영성의 차원에서 해석한다. 예수를 살아 계신 하느님의 아들이라고 고백한 베드로가 교회의 대리자인 교황 안에 살아 있다면, 교회는 바위 위에 세워진 것이다.

나는 오리게네스의 해석을 선호한다. 예수께서는 베드로의 믿음과 통찰력 때문에 그를 복된 사람이라고 칭찬한다. 그분은 베드로의 고백에서 하느님의 계시를 보신다. 하느님 자신이 베드로에게 이 통찰력을 주신 것이다. 그리스도인들은 이 믿음에 따라 측량되어야 한다. 그러나 이것은 말로만 고백하는 믿음이 아니다. 그것은 삶으로, 하느님 아들과 딸의 자유가 드러나는 삶으로, 신적인 품위의 체험이 묻어나는 삶으로, 예수 그리스도의 하느님으로부터 오는 생기가 드러나는 삶으로 고백하는 믿음이다.

19절도 종종 논쟁적으로 해석되었다. 가톨릭 성서 주석은 묶고 푸는 전권을 고해성사와 연관시킨다. 고해성사에서 사제는 죄를 사해 줄 수 있다. 개신교 성서 주석은 이 말씀을 무엇보다도 설교와 연관시켜 해석한다. 올바른 설교는 인간을 옭아매고 있는 사슬을 풀어 주고, 하늘나라의 문을 열어 준다. 우리가 이 말씀을 어떻게 이해해야 하는지 마태오 자신이 보여 준다. 이미 율법학자들이 하늘나라의 문을 열고 닫는 열쇠의 권한을 소유하고 있었다. 그러나 예수께서는 그들을 비난하신다. "사람들 앞에서 하늘나라를 닫아 버렸구려"(23,13). 베드로와 제자들은 사람들이 하느님 나라에 들어갈 수 있도록 하느님의 계명을 풀이해야 한다. 마태오가 여기서 보고 있는 참된 베드로 봉사직은 예수의 가르침을 신빙성 있게 풀이하고, 하느님의 법을 일상생활의 구체적인 상황과 연결하여 풀이하되, 인간의 본질에 부합하고 인간이 하느님 나라에 들어갈 수 있도록 풀이하는 데 있다.

마태오는 여기서 두 가지 상징을 사용한다. 하나의 상징은 열쇠 권한의 상징이다. 열쇠를 가진 사람은 삶으로 들어가는 문을 열 수 있다. 다른 상징은 묶고 푸는 것과 연관되어 있다. 유다교 선생들에게 묶는 것과 푸는 것은 본래 가르침을 허락하거나 금지하는 것을 의미한다. 그러나 그것은 판결하는 행위와도 연관되어 있다. 그렇다면 이런 뜻이다. 파문하는 것과 금령을 푸는 것, 공동체에 받아들이는 것과 공동체에서 추방하는 것! 그러나 그것은 또한 요한 복음의 해석이 보여 주듯이(요한 20,23) 죄의 용서와 연관성이 있을 수도 있다.

나는 두 단어를 개인적으로 해석하고 싶다. 베드로가 선포하고, 그의 후계자들이 분명하게 전하려고 노력해야 할 믿음은 나를 그리스도와 묶어 준다. 그리스도와 연결된 상태에서 나는 나를 너무 옭아매고 있다고 여기는 사슬들로부터 자유로워진다. 참된 믿음은 따라서 마음을 병들게 하는 하느님 상과 마음을 옭아매는 삶의 표본 그리고 나를 지배하고 싶어 하는 악마의 세력에서 나를 풀어 준다. 그리스도와 묶이는 것은 나를 부자유의 사슬과 두려움에서 풀어 주고, 마침내 나를 내 에고의 함정에서 풀어 준다.

베드로의 분명한 그리스도 고백과 예수의 칭찬 다음에 정반대의 장면, 일종의 대조사화가 이어진다. 마태오는 대조법對照法을 좋아한다. 대조법은 그의 복음서에서 계속 눈에 띄는 서술 양식이다. 예수께서는 고난을 받아야 한다고 제자들에게 설명하신다. 베드로는 예수를 옆으로 제치고 비난한다. "맙소사, 주님! 결코 그런 일은 닥치지 않을 것입니다!"(16,22). 그러나 예수께서는 베드로를 냉정하게 물리치신다. "물러가라, 사탄아! 너는 나에게 걸림돌이다. 하느님의 일은 생각하지 않고 사람들의 일만 생각하는구나"(16,23). 예수의 매정한 말씀이다. 베드로를 신앙인의 전형으로 본다면 이 말씀은 우리에게도 해당된다. 우리를 자유와 활기찬 삶에로 인도하시는 예수를 믿는 것은 아름답다. 하지만 그분을 따르는 삶에서 우리는 분명 고난의 문제를 피해 갈 수 없다. 예수에 대한 정확한 이미지뿐만이 아니라 그리스도인이라는 것에 대한 올바른 이해도 중요하다. 원하든 원하지 않든 우리는 늦어도 죽음 앞에서는 고난을 겪게 될 것이다. 고난을 제외시키는 그리스도인의 길에 대한 이해는 예수를 간과하게 된다. 물론 우리는 교회에서 고난을 너무 중심점에 두었고, 그럼으로써 많은 이들이 피학증적으로 고통을 갈구하는 왜곡된 조류를 불러일으켰다. 그렇지만 우리는 그와 정반대의 극에 빠져 고난을 제외시켜서도 안 된다. 그렇지 않으면 우리는 공중누각을 짓게 된다. 예수께서는 우리가 사람들에 의해 많은 고통을 받는 바로 그곳에서도, 사람들의 손에 넘겨진 바로 그곳에서도, 우리가 죽음에 봉착한 바로 그곳에서도 우리와 함께 가고자 하신다.

베드로의 반대와 예수의 냉정한 꾸중 다음에 마태오는 예수 추종의 신비를 보여 주고자 하는 예수의 말씀을 배치한다. 이 말씀을 두고 수많은 논쟁이 벌어졌고, 많은 사람들이 이 말씀 때문에 혼란스러워했다. 어떻게 이해할 수 있는가? "누구든지 내 뒤를 따르려면 자기 자신을 버리고 제 십자가를 지고 나를 따라야 합니다"(16,24). 무엇보다도 자기 버림에 대한 말씀이 자기부정, 자해, 자기 폄하 등으로 종종 왜곡되게 해석되었다. 그러나 그런 뜻이 아니다. 그리스어 *aparneisthai*(아파르네이스타이)는 "'아니오'라고 말하다, 거절하다"라는 뜻이다. 예수를 따르는 사람은 신적인 것까지 소유하고 싶어 하는 영혼의 자기중심적 성향에 대해 "아니오"라고 말해야 한다. 베드로가 고난을 제외시키고 싶어 했던 바로 앞 장면에서 볼 때, 예수의 말씀은 삶을 있는 그대로 받아들이는 것을 가리키고 있다. 우리는 우리 자신을 위해 하느님을 소유해서도 안 되고, 항상 "잘되고" 행복하기 위해서 하느님을 이용해서도 안 된다. 하느님을 체험하고 싶은 사람은 자기 에고와 거리를 두어야 한다. 신비가들은 이 말씀을 올바로 이해했다. 하느님을 자기 에고를 위해 강요하려는 사람은 하느님을 오용하는 것이고 진정한 하느님을 간과하는 것이다. 하느님은 에고보다 더 위대하시다. 우리가 모든 열정을 죽여야만 되는 것처럼 예수의 말씀을 금욕적으로만 해석하는 것이 관건이 아니다. 그러나 우리는 모든 것을 소유하고 싶어 하고 점유하고 싶어 하며 자신을 위해 사용하고 싶어 하는 우리 안의 성향, 오직 자기 자신밖에 모르고 하느님까지 자기를 위해 끌어내리려는 우리 안의 성향에 대해 내적인 거리를 두어야 한다. 자기의 작은 자아에 집착해 있는 사람에게는 오직 "불안에 찬 자기 보존"(Drewermann)만이 관건이다. 그리스도를 따르는 사람은 마음이 넓어지고, 나약한 자아를 하느님께 내드린다. 진정한 하느님 체험은 우리가 에고를 떨쳐 버려야만 가능하다. 하느님 체험이 에고를 부풀리는 데 이용되면 사람은 눈이 멀고 오류에 빠진다. 자기부정에 대한 말씀은 따라서 금욕적인 말씀이 아니라 신비적인 말씀이다. 예수께서는 하느님과 실재를 자기를 위해 소유하려 하지 않고 하느님을 하느님이도록 놔두면서, 실재를 있는 그대로 보는 영성으로 자기 제자들을 인도하고자 하신다.

성전세에 관한 말씀(17,24-27)

마태오는 우리에게 세금에 관한 두 가지 이야기를 전해 준다. 성전세의 납세에 관한 이야기(17,24-27)와 마태오가 마르코, 루가와 공통으로 전해 주는 황제에게 바치는 주민세에 관한 이야기(22,15-22)가 그것이다. 황제에게 바치는 주민세에 관한 이야기에서는 그리스도인과 국가와의 관계가 관건이다. 국가는 인간 위에 군림할 진정한 힘이 없다. 왜냐하면 인간은 하느님의 모상이기 때문이다. 인간은 하느님께서 창조하셨고, 그분께 속한다. 그래서 인간은 자기 삶,

마음, 영혼, 그의 인격을 결정하는 모든 것을 하느님께 돌려드려야 한다. 국가에게는 그가 국가에게서 받은 것만 돌려주면 된다. 교육, 의료 사업, 국가와 단체의 행정 관리와 같은 나라의 제도와 조직이 그것이다. 국가에 대한 이런 자유의 근거는 인간의 하느님 모상성이다. 이미 구약성서(창세 1,27)에 토대가 놓여진 하느님 모상성에 관한 가르침은 마태오에게서 하느님 자녀의 이미지로 변형되었다. 그리스도인들은 하느님의 아들과 딸이다. 그들은 하느님께 대한 의무가 최우선임을 앎으로써 자녀 자격을 보존한다. 국가는 오직 외적인 관계에 대해서만 책임이 있다. 이것을 그리스도인들은 인정해야 하지만 국가를 절대시해서는 안 된다.

성전세에 관한 이야기에서 관건은 순수 유다인들의 세금이다. 유다인 관리들은 성전을 운영하기 위해서 성전세 두 드락메를 거두어들인다. 랍비들의 생각에 의하면 성전세는 보속의 효과가 있다. 성전세를 바치는 것은 성전과 율법을 존중하고 거기서 구원을 기대한다는 표현이다. 성전세 징수원들은 직접 예수께 묻지 않는다. 그들은 예수와 성전세에 관해 토론할 용기가 없었던 것 같다. 그들은 여기서 다시 제자들과 그리스도인 공동체를 대표하여 대답하는 베드로에게 묻는다. 베드로는 선생님께서 성전세를 내시냐는 질문에 그렇다고 답한다. 그런데 그다음에 예수께서는 독특한 질문으로 베드로를 가르치신다. "어떻게 생각합니까, 시몬? 세상 임금들이 누구한테서 관세나 주민세를 거두어들입니까? 자기 아들들한테서입니까 아니면 남들한테서입니까?"(17,25). 이 질문에 베드로는 대답한다. "남들한테서입니다!" 왕들은 당연히 자기 아들들한테서 세금을 징수하지 않는다. 예수께서는 이제 누구나 아는 이 사실에서 다음과 같은 결론을 이끌어 내신다. "그렇다면 아들들은 자유롭지요"(17,26). 이 짧은 문장을 보면 예수께서 제자들을 어떻게 보시는지, 그리고 마태오가 예수의 추종에서 그리스도인 실존과 교회 공동체의 본질을 어떻게 이해하는지 확연해진다. 그리스도인들은 하느님의 자유로운 아들딸이다. 그들은 하느님 직속이다. 그래서 그들은 성전세를 납입할 필요가 없다. 그리스도인들은 성전과 율법으로부터 자유롭고, 전체 종교 의례와 수많은 세세한 계명 준수로부터 자유롭다. 예수께서는 분명 자유를 인간의 본질로 보신다. 인간은 규정된 예식과 계명의 준수를 통해서 자신을 노예로 만들어서는 안 된다. 물론 이 예식과 계명들은 하느님과의 관계를 표현하는 데 도움이 될 수 있다. 그러나 인간은 성전과 율법을 위해 있는 것이 아니다. 그는 하느님에 의해 창조되었고 하느님의 아들과 딸이다. 이것이 인간의 본질이고, 그를 자유롭게 한다. 교회는 하느님 자녀의 이 자유를 크게 강조하지 않았고, 그래서 성전세에 관한 이 장면이 성서 해석사에서 큰 역할을 하지 못했다.

마태오는 이 장면을 공동체의 생활과 질서에 대한 묘사 바로 앞에 배치했다. 이 사실은 마태오가 그리스도인 공동체, 교회를 어떻게 이해하는지 암시한다. 교회는 자유로운 아들들과 딸들로 이루어진다. 그리스도인 공동체는 편협한 규정과 법을 통해 자신을 노예로 만들어서는 안 된다. 예수의 말씀은 교회가 자기 자신을 이해하는 데에서 항상 가시로 작용한다. 교회는 반복해서 예수께서 성전세에 관한 장면에서 극복하신 낡은 생각으로 퇴보한다. 교회는 교회법을 하느님의 뜻으로 터부화시켰다. 교회는 인간이 교회의 계명을 준수하지 않으면 하느님께 다가갈 수 없다고 겁을 주었다. 그럼으로써 교회는 예수의 뜻을 근본적으로 오해했다. 예수의 메시지는 이것이다. "그대는 자유롭습니다. 그대는 하느님의 아들과 딸입니다. 그대는 계명의 준수를 통해서 자신을 하느님의 아들이나 딸로 만들 필요가 없습니다. 그대는 이미 하느님의 아들과 딸입니다. 그것을 그대가 노력해서 얻어야 할 필요가 없습니다."

그러나 하느님의 이 자유로운 아들들과 딸들이 함

께 살려면 또다시 삶을 정돈하는 규칙이 필요하다. 하지만 이 모든 질서는 법이 되어서는 안 된다. 모든 공동체, 교회 공동체뿐 아니라 모든 회사, 심리 치료팀, 영성 그룹도 이념에 빠질 위험이 있다. 사람은 높은 이상을 방패 삼아 자신을 숨기고, 함께 산다는 것, 인간적인 갈등, 함께 사는 삶을 어렵게 하는 정서를 잊는다. 이념 뒤에 자신을 숨기는 사람은 사람들을 여하한 법칙과 원칙의 노예로 만든다. 예수께서는 자유로운 사람을 원한다. 그리고 공동생활을 위한 모든 규칙은 인간의 자유에서 출발해야 한다.

인간이 진실로 자유로우면 자신의 품위를 잃지 않으면서 규칙에 굽힐 수 있다. 이것을 예수께서는 베드로에게 호수에 가서 물고기를 잡아 오라고 요구함으로써 보여 주신다. 베드로는 가장 먼저 잡힐 물고기 입에서 네 드라메를 발견할 것이다. 그것으로 베드로는 자신과 예수를 위한 성전세를 바칠 수 있다. 예수께서는 그렇게 하시는 이유를 이렇게 설명하신다. "아무도 우리에게 걸려 넘어지지 않도록 하기 위해서입니다." 자유로운 사람은 외적인 규칙에 자신을 굽힐 때 또한 자유롭다. 자신을 굽히는 것은 사람들에게 상처를 주지 않기 위함이고, 그들의 감정을 상하지 않도록 하기 위함이다. 많은 사람들은 우리의 자유를 임의와 무법, 무정부주의라고 이해할지도 모른다. 그래서 많은 규칙들을 지키는 것이 현명한 일이다. 그러나 그것은 규칙을 지키지 않으면 벌을 받거나 하느님의 구원을 얻지 못할 것이라는 두려움에서가 아니라 자유에서 이루어져야 한다. 이렇게 볼 때 이 작은 장면에서는 무엇인가 원칙적인 것이 드러난다. 예수께서는 인간을 하느님의 자유로운 아들과 딸로 이해하신다. 그들 사이의 관계에서 이 자유가 표출되어야 한다. 인간은 구원받을 것인가 아닌가를 걱정하는 두려움에서 자유롭다. 그는 이미 구원 상태에 있다. 그는 이미 하느님 곁에 있다. 그러나 자유와 존엄성의 이 체험은 다른 사람들과 조직을 포함한 공동체를 받아들일 준비가 필요하다.

공동체의 규칙들 (18장)

마태오는 18장에서 그리스도인 공동체의 생활을 정돈할 예수의 말씀들을 모아 놓았다. 이미 10장에서 마태오는 교회에 대하여 말했다. 그러나 10장에서는 교회의 밖을 향한 파견이 관건이었던 것에 비해, 18장에서는 그리스도인들의 공동생활을 다루고 있다. 마태오는 교회를 본질적으로 갈등과 긴장이 상존하는 공동체로 본다. 그는 교회 공동체 내의 직무에 대해서는 아직 묘사하지 않는다. 그 당시 공동체에는 분명히 직무가 있었을 것이다. 마태오는 이 직무들이 쉽게 오·남용될 수 있다는 사실과 그리스도인들 사이에서도 누가 가장 큰사람이냐는 문제가 관심의 초점이 될 수 있다는 사실을 알고 있었다. 그래서 그는 직무권자들과 공동체에게, 무엇보다 자비가 공동체의 인간관계에서 중심이 되어야 한다고 엄하게 가르친다. 공동체는 자신을 크게 보이려고 할 것이 아니라, 작은 사람들, 변두리 인생들, 멸시받는 사람들에게 관심을 기울여야 할 것이다. 한 사람이 보이지 않으면 공동체는 잃어버린 양을 찾아 나서야 할 것이다.

마태오는 예수의 잃었던 양 비유(18,12-14)를 루가와 다르게 해석했다. 루가 복음서에서는 예수께서 이 비유로 자기 자신을 묘사하신다. 그분은 이 세상의 심연에서 길을 잃은 채 방황하고 있는 우리 인간을 찾아오시어, 아버지께 데려가시기 위해서 우리를 등에 업고 가시는 분이다. 예수께서는 우리가 그분 곁에서 우리 자신을 발견할 수 있도록 자신을 잃어버린 우리를 다시 찾으셨다.

마태오 복음서에서 잃었던 양 비유는 공동체의 지도자들에게 자나 깨나 공동체에 있는 사람들에게 만족하지 말고, 자신을 잃고 참된 길에서 벗어난 사람들을 찾아가라는 의무를 준다.

나는 공동체 규칙에 대한 본문 두 개만 간단히 살펴보고 싶다. 형제에 대한 책임과 관련된 본문(18,15-20)은 많은 성서 주석가들에게 커다란 문제로 다가온다. 왜냐하면 그것은 다른 사람을 위한 염려에 대한 이야기일 뿐 아니라 추방에 대한 이야기이기 때문이다. 그러나 여기서 우선시되는 것은 서로를 위한 책임이다. 형제에 대한 충고는 유다교에서 오래된 전통이었다. 마태오는 자신의 공동체 규칙에 유다교 전통의 표현 양식을 전수한다. 공동체 규칙은 공동체의 공동생활에 방해되는 행동을 하는 형제에게 그것을 지적해 줄 책임이 개인에게 있다는 것을 엄하게 규정한다. 15절에 이렇게 씌어 있다. "만약 당신의 형제가 당신에게 죄를 짓거든 가서 단둘이 있는 데서 그의 잘못을 고쳐 주시오!"[7] 따라서 여기서 말하고자 하는 것은 죄 자체가 아니라 형제나 자매에게 잘못하는 것이다. 다른 사람이 나에게 죄를 지으면 나는 그와 이야기해야 한다. 그러나 훈계조의 설교이어서는 안 되고, 사실을 그의 입장에서 말해야

---

[7] 공동번역: "어떤 형제가 너에게 잘못한 일이 있거든 단둘이 만나서 그의 잘못을 타일러 주어라." 200주년 신약성서: "교우가 죄를 짓거든 단둘이 마주하여 꾸짖으시오." 그리스어 원문 직역: "만약 당신의 형제가 당신에게 죄를 짓거든, 가서 당신과 그만이 있는 데서 그의 잘못을 고쳐 주시오" — 역자.

하지만, 무엇보다도 그의 태도가 나에게 준 상처와 고민을 말해야 한다. 그렇다면 그다음 문장이 유효하다. "그가 당신 말을 들으면 그대는 그 형제를 얻은 것입니다"(18,15). 직역하자면 이렇다. "그가 당신을 들으면." 그는 우선 비난의 말 자체가 아니라 나를 들어야 한다. 나는 나를 사실적인 논거 뒤에 숨길 것이 아니라 들을 수 있도록 표현해야 한다. 형제가 나를 듣는다면, 그와 나 사이에 관계가 형성된다면, 나는 그를 얻은 것이다.

둘만의 대화가 이루어지지 않는 경우에만 나는 한 사람이나 두 사람을 끌어들여 형제와의 대화를 새롭게 시도해야 한다. 그에 대해서 말해서는 안 되고, 그와 이야기해야 한다. 그와 대화하기 위하여, 소그룹의 보호하에서 그에게 자신의 잘못된 행동을 멀리할 기회를 주기 위하여 모든 기술을 사용해야 한다. 형제가 자신을 폐쇄하고, 다른 사람들이 말하고자 하는 것을 전혀 듣지 않으려고 하는 경우에만, 공동체에게 알려야 할 것이다. 형제를 얻는 것, 그를 다시 공동체에 받아들여야 하는 것이 핵심 관심사이어야 한다. 그러나 자기 자신을 폐쇄하면 그는 자신을 공동체로부터 제명시키는 것이기도 하다. 마태오는 이 제명이 영원해야 한다고 말하지 않는다. 아마도 제명은 — 초대교회의 많은 성서 해석가들이 생각했던 것처럼 — 형제가 참된 인식에 이르도록 하기 위한 일시적인 제명일 뿐인 것 같다.

공동체가 형제를 대하는 방식은 종교적인 차원도 내포하고 있다. 하늘에서도 그와 같다. 여기서 묶고 푸는 권한은 직무권자 개인에게 주어지는 것이 아니라 공동체에게 주어진다. 공동체는 형제의 죄를 풀고 용서해 줄 전권을 가지고 있다. 그러나 공동체는 죄를 "보류하고", 다른 사람에게 놔두고 내버려 둘 수도 있다. 나는 묶는다는 것을, 다른 사람이 자기 죄에 묶여 있는 것으로, 그가 자기 죄와 함께 자라는 것으로 이해한다. 그는 대화에서 자기 자신과 자기 행동에 대한 거리를 보여 주지 않았다. 공동체는 그 결과로 그가 거리를 취할 때까지 죄를 그에게 놔두는 것이다.

죄를 용서하고 보류하는 전권은 기도에 뿌리를 내리고 있을 때에만 올바로 행사될 수 있다. 그래서 묶는 것과 푸는 것에 대한 말씀 다음에 모든 것이 공동체의 기도로 가능하다는 약속이 이어진다. "그대들 가운데서 둘이 합심하여 땅에서 청하는 것은 무엇이나 하늘에 계신 내 아버지께서 이루어 주실 것입니다. 둘이나 셋이 내 이름으로 모인 그 가운데 나도 있습니다"(18,19-20). 마태오가 소망하는 공동체의 진정한 표상이 여기서 분명해진다. 그리스도 자신이 공동체 안에 현존하신다. 공동체는 그리스도께서 이 세상에서 드러나시는 장이다. 그래서 공동체 구성원들은 항상 예수의 영을 그들의 인간관계에서 실현하려고 노력해야 한다. 한 형제를 제명한다면, 공동체는 예수께서 제명된 이들의 공동체 한가운데 계시다는 것을 알아야 한다. 더구나 신심 깊은 사람들에게 "내가 원하는 것은 자비이지 제사가 아니다"(9,13)라고 반복해서 경고하시는 예수께서 제명된 이들 한가운데 계시다는 것을 공동체는 알아차려야 한다. 공동체가 변화시킬 수 없었던 형제를 회개하도록 하느님께서 움직일 수 있다는 것을 공동체는 기도 안에서 믿어야 할 것이다. 유다교 랍비 전통의 공동체 규칙과 흡사함에도 불구하고 마태오에게 결정적인 것은 그리스도인 공동체 안에서 예수의 영이 체험될 수 있다는 것이다. 그러나 이 예수의 영은 공동체가 약한 이들과 작은 이들을 돌보고, 잃어버린 양을 찾아가고, 죄로 인해 자신을 잃어버리고 다른 사람들과의 관계도 깨뜨린 형제를 삶과 공동체를 위해 다시 얻고자 노력할 때에만 드러난다. 마태오에게 교회 공동체는 그리스도께서 이 세상에서 가시화되는 장이고, 현양되시고 부활하신 사람의 아들께서 사람들 가운데서 계속 활동하시고, 그들을 참된 삶으로 인도하시고 싶은 장이다.

그리스도인 공동체가 성공하기 위한 가장 중요한 전제 조건은 끝없는 용서다. 베드로는 얼마나 자주 용서해야 하느냐고 물으면서 "일곱 번까지 할까요?"(18,21)라고 말할 때, 자신이 매우 아량 넓은 사람이라고 생각했다. 유다인들은 한 사람이 잘못하면 보통 두세 번 정도 용서해 주었다. 베드로는 바리사이들보다 훨씬 더 많이 용서할 준비가 되어 있다. 그러나 예수께서는 그에게 무한한 용서를 지시하신다. 일곱은 완전성의 숫자를 뜻할 수도 있다. 그러면 베드로는 얼마나 자주 용서해야 하느냐고 질문한 것이 아니라, 용서가 완전해야 하느냐고 물은 것이 된다. 그렇다면 "일곱 번까지가 아니라 일흔 번의 일곱 번까지"라는 예수의 답변은 베드로에게 "완전에 완전을 더해서, 끝없이 무한하게, 셀 수 없이 반복되는 용서"(Luz 3,62)를 기대한다는 뜻이 된다. 예수께 가장 중요한 것은 무한한 용서다. 무한함은 숫자와 연관되기도 하고 다른 한편 용서의 방식과도 연관성이 있다. 용서는 완전해야 하고, 의지뿐 아니라 온 마음으로 이루어져야 한다. 그것은 무의식의 심층까지 내려가야 한다. 그리고 용서는 하느님의 용서와 연결될 때 완전하다.

예수께서 생각하신 용서가 어떻게 이해되어야 하는지 마태오는 무자비한 종, 혹은 루터가 번역한 대로 "무자비한 종" 비유(18,23-35)에서 보여 준다. 이 비유는 왕에게 빚을 진 첫째 채무자 — 그는 그리스나 로마 관료였을 것이다 — 의 엄청난 빚과 다른 채무자의 소액의 빚을 대비시킨다. 첫째 채무자가 진 빚은 일만 달란트이고 둘째 채무자의 빚은 백 데나리온이다. 백 데나리온은 백 일 품삯이고, 한 달란트는 육천 데나리온이니 일만 달란트 빚진 사람은 육십만 배나 더 많은 빚을 진 것이다. 일만은 그 당시에 생각할 수 있는 가장 큰 숫자다. 갈릴래아 전체의 세입금이 이백 달란트밖에 되지 않았다. 그러니까 첫째 채무자는 자기 빚을 결코 갚을 수 없을 것이다. 당시 로마인들과 페르시아인들에게 흔했던 채무자의 투옥을 통해서도 갚을 수 없을 것이다. 예수께서는 우리를 이 첫째 채무자에 비유하신다. 하느님은 우리에게 자비로우시다. 그분은 우리의 모든 빚을 탕감해 주신다. 그러나 한 형제가 우리에게 약간의 빚만 져도 우리는 좀스럽고 무자비하다. 그러나 이토록 엄청난 용서를 받고도 자기에게 빚진 사람에게 무자비한 사람은 형리들에게 넘겨질 것이다. 예수께서는 둘째 채무자를 "동료 종"이라고 부르신다. 그는 우리와 함께 같은 봉사직을 수행하고, 우리와 함께 그리스도인 공동체에 속한 우리의 이웃이다. 예수께서는 경고하신다. "그대들이 교우를 진심으로 용서하지 않으면 하늘에 계신 내 아버지께서도 그대들에게 그와 같이 하실 것입니다"(18,35).

베드로의 질문에 대한 예수의 대답에서 용서의 양이 아니라 질이 관건이라는 것이 여기서 또다시 분명해진다. 완전한 용서, 온 마음에서 우러나오는 용서가 관건이다. 그것이 어떻게 가능한가? 우리는 증오심이 조금도 남아 있지 않을 때까지 하느님의 자비를 가슴 깊이, 가슴 구석구석으로 스며들게 해야 한다. 많은 사람들은 그것이 가능하지 않다고 생각한다. 그들은 용서하고 싶은데, 자신 안에서 분노와 슬픔 그리고 아픔을 아직 느낀다. 온 마음으로 용서한다는 것은 나에게 하느님의 용서하시는 사랑을 바로 이 부정적인 감정에 흘러들도록 하는 것을 의미한다. 내 의지만으로 용서를 해서는 안 된다. 그러면 마음은 함께 가지 않는다. 마음은 계속 쓰라림과 증오로 차 있게 된다. 온 마음으로 용서할 수 있기 위해서 우리는 무한하신 하느님의 용서를 알아야 하고, 그것으로부터 용서하는 능력을 배워야 한다. 나의 죄와 잘못을 포함하여 나 전체가 조건 없이 받아들여졌다는 것을 가슴 깊이 체험한다면, 용서도 가슴에서 흘러 나올 것이다. 그러나 자신의 감정을 건너뛰어서는 안 된다. 내 안에 있는 모든 것이 용서에 동참하도록 감정도 변하게 놔둬야 한다.

포도원 주인 비유(20,1-16)

예수께서는 청중을 매료시키면서 동시에 자극하는 식으로 이야기하는 기술을 아신다. 포도원 주인 비유는 대부분의 청중을 화나게 한다. 고용주들은 말한다. "저는 제 고용인들에게 결코 그렇게 할 수 없습니다. 예수께서는 오늘날의 사업에 대해서 아는 바가 없습니다." 고용인들은 자신을 가장 이른 시간부터 일한 일꾼들과 동일시하고 가장 늦게 일하러 온 일꾼들에 대해서 화를 낸다. 고용주들과 고용인들만이 이 비유에 걸려 넘어지는 것이 아니다. 하느님의 계명을 지키려고 노력하는 그리스도인들, 교회를 위해 투신하고 그리스도인의 의무를 다하려고 노력하는 그리스도인들 역시 계명을 지키지 않고도 하늘나라에 들어가는 사람들에 대하여 화를 낸다. 비유가 우리를 화나게 하는 바로 그 지점에서 사고의 전환이 이루어질 수 있다. 예수께서는 비유를 이용하여 우리가 서 있는 곳에서 우리를 데려가신다. 그분은 우리에게 호기심을 가지게 하신다. 동시에 그분은 우리의 보는 방식을 변모시키신다. 예수께서는 우리로 하여금 하느님과 삶의 신비에 눈을 뜨게 하신다. 하느님께서는 우리가 상상하는 것과 그토록 다르다. 그분은 우리의 예상과 다르게 행동하신다.

하느님의 정의는 사업상의 근로 임금 체제처럼 계산될 수 있는 것이 아니다.

예수께서는 팔레스티나의 일반적인 상황을 묘사하신다. 어떤 농부가 자기 포도원에서 일할 계절 노동자를 구한다. 대농들은 당시 일당직 근로자들로 농사를 지었다. 그들은 노예들보다 더 싼 노동력이었다. 일은 이른 아침부터 시작된다. 농부는 일꾼들이 어디에 있는지 안다. 그리고 그는 장터에 서성거리고 있는 사람들을 자기 포도원으로 보낸다. 일당은 한 데나리온으로 합의한다. 한 데나리온은 하루 일한 대가로 지불하는 통상적인 품삯이었다. 농부가 일꾼들을 구하러 삼 시, 즉 아홉 시에 다시 장터에 나가는 것은 보통이다. 하지만 그가 두 번이나 더 일꾼들을 구하러 장터에 나가는 것은 흔히 있는 일이 아니다. 그러므로 포도원 주인이 오후 다섯 시쯤 다시 일꾼들을 구하러 나가는 것은 완전히 별난 일이다. 한 시간밖에 일할 시간이 남아 있지 않다. 그것은 경제적인 가치가 없다. 마태오는 오후 다섯 시쯤 일꾼을 구하러 나가는 장면을 길고 장황하게 묘사한다. 여기에 비유의 본래 목적이 있음을 보여 주려는 것이다. 포도원 주인은 이 일꾼들하고만 대화를 한다. "왜 온종일 하는 일 없이 여기 서 있소?" 그들은 대답한다. "아무도 일을 시키지 않아서요"(20,7).

예수께서는 이야기하시면서 긴장을 고조시키신다. 그분은 맨 마지막에 온 일꾼들부터 품삯을 주게 함으로써 긴장을 고조시킨다. 포도원 주인은 그들에게 품삯으로 한 데나리온을 준다. 그것은 넉넉한 보수이고, 더구나 주인은 그들과 일당에 대한 합의를 하지도 않았다. 하지만 이 보수를 보고 가장 이른 시간부터 일한 일꾼들은 욕심이 생긴다. 물론 일당으로 한 데나리온을 받기로 합의했지만 그들은 이제 그 이상을 기대한다. 그리고 그들은 자기들도 한 데나리온밖에 받지 못했기 때문에 투덜거린다. 그들은 만족하지 못하고 적게 일한 다른 일꾼들과 비교한다. 그들의 대답은 매우 상징적이다. 예수께서 죄인들도 부르신다는 것, 그리스도인 공동체 안에 아무 것도 내놓을 것이 없는 사람들도 있다는 것에 대해 열을 올리는 경솔한 그리스도인들에게 마태오가 바로 이 대답을 하고 있다는 것을 감지할 수 있다. "맨 나중 온 이들은 겨우 한 시간 일했는데도 종일 노고와 무더위를 견딘 우리와 같이 다루시는 겁니까?" (20,12). 이 말을 통해 무엇이 그리스도인들의 마음을 움직이고, 그들이 삶을 어떻게 이해하는지 분명해진다. 일거리가 있고, 삶이 성공했다는 것에 대해서 그들은 감사하지 않고, 다른 사람들과 자신을 비교한다. 그들이 무엇을 받았는가를 감사하는 마음으로 보지 않고, 하느님께서 다른 사람들에게 주신 선물을 본다. 비교하는 것이 시기와 질투를 유발하고, 우리 자신에게 무엇이 적당하고 좋은가를 볼 수 없게 한다. 그리고 그리스도인들은 그들의 삶을 온종일 뙤약볕에서 한 수고와 싸움으로 이해한다. 그들은 일하는 즐거움과 결과, 그들이 일구어 내고 즐겨도 되는 결실을 보지 못한다. 그리스도인들은 고생, 어려움, 삶에 당연히 따라오는 수고만을 생각한다.

포도원 주인은 투덜거리는 일꾼에게 "친구"라고 친근하게 부르며 말한다. 그는 합의한 내용을 상기시키며, 그와 이 이야기에 대해 언짢아하는 독자에게도 묻는다. "내 것을 가지고 내 마음대로 해서는 안 된다는 말이오? 아니면 내가 선하다고 해서 당신의 눈길이 사나워지는 거요?"(20,15). 이 질문은 투덜거리던 일꾼의 마음에 가시처럼 박힌다. 물론 청중과 독자의 마음에도 마찬가지다. 예수께서는 이 질문으로 자신의 본질과 하느님의 본질을 묘사하신다. 하느님은 선하시지만, 그분의 선은 계산할 수 없다. 그분의 선은 무한하다. 종교개혁자들은 이 비유를 모든 응보 사고에 대한 은총의 승리로 해석했다. 그러나 그것은 너무 단편적이다. 포도원 주인은 각 사람에게 적당한 만큼, 그가 수고한 만큼 주기 때문이다. 포도원 주인의 행위에서 드러나는 하느님의 정의는 그러나 모든 계산을 뛰어넘는다.

몇몇 교부들은 이 비유를 각 사람의 전 생애의 상징으로 해석했다. 어떤 사람들은 태어날 때부터 그리스도인이고, 어떤 사람들은 청소년기에 회개하고, 어떤 사람들은 성인이 되어서야 혹은 노인이 되어서야 회개한다. 교부들은 일찍 그리스도인이 된 사람들에게 노력을 게을리하지 말라고 경고하는 한편, 늦게 세례를 받은 사람들에게는 위로와 확신을 심어 준다. 각자 자신의 길을 가야 하고, 다른 사람들과 자신을 비교하지 않으면서 자신의 개인적인 여정에서 하느님을 섬겨야 한다. 모든 사람들은 한 데나리온씩 보수로 받는다. 한 데나리온은 그 당시 평균 일당일 뿐 아니라 동시에 하느님과 하나 됨, 온전해짐의 상징이다. 하나 됨 이상은 없다. 그것이 인간 삶의 목표다. 이 목표를 향한 길은 다양하다. 어떤 사람에게는 짧고, 어떤 사람에게는 길다.

이런 해석은 비유의 의미를 각 시대 상황에 맞게 해석하려는 시도였다. 그렇다면 이 비유의 현대적 의미는 무엇인가? 나는 그리스도인으로서 내 삶을 어떻게 이해하는지 스스로에게 질문을 제기해 본다. 본래 삶은 하는 일 없이 서 있는 것인 데 비해 그리스도인으로서의 내 삶은 업적이고 고된 노동이라고 생각하는가? 아니면 그리스도와의 공동체를 통해서 내 삶은 의미 있고 훌륭해진다고 믿는가? 일을 통한 도전도 사람에게 깊은 내적 평화와 삶의 의미에 대한 느낌을 줄 수 있다. 하릴 없이 장터에 서성거리고 있는 사람은 분명 행복하지 않을 것이다. 그는 자신이 불필요한 존재라고 느낄 것이다. 그의 삶은 무의미하다. 호명되는 것, 부름받는 것, 필요한 사람으로 구인求人되는 것, 이것이 사람의 가치를 결정한다. 다른 사람과 나 자신을 비교하지 않고 주어진 일을 받아들이면, 나는 일하면서 나 자신과 하나가 되고, 하느님과 하나 되며 사람들과 하나 된다. 살기 위해 그 이상 필요하지 않다. 그러나 내가 하는 일에서 눈을 떼어 다른 사람들을 보고, 나 자신을 그들과 비교하면 나는 내적으로 분열되고 불만족스러워진다.

나는 삶을 "포기"로만 이해하는 그리스도인들에 대한 이야기를 듣는다. 비그리스도인들이 속 편하다. 그들은 계명을 지킬 필요가 없고, 그냥 편하게 살면 된다. 예수께서는 이 비유에서 이런 인생관을 의문에 부치신다. 그리스도인에게 제일 중요한 것이 정말 법칙인가? 그리스도와의 공동체 안에서 인간이 되는 길을 가고, 나 자신에 대한 작업 자체 안에 보수가 담겨 있음을 아는 것이 의미 있는 삶 아닌가? 일의 대가는 하루의 끝 무렵에 지불되는 외적인 무엇이 아니라, 의미 있는 삶 속에 이미 숨겨져 있다.

이 비유를 통해 예수께서는 하느님의 보답을 살 수 있다는 생각에서 우리를 보호해 주고자 하신다. 하느님께 부름받도록 하는 것만이 결정적이다. 하느님이 부르시는 때는 우리에게 달려 있지 않다. 우리가 얼마나 일해야 하고 노력해야 하는지도 자유가 아니다. 그것은 하느님만의 일이다. 결정적인 것은 우리가 비교하지 않는 것이다. 자신을 다른 사람과 비교하는 사람은 자기 삶의 풍요로움을 보지 못하고 자기 자신에 대해 만족하지 못한다. 가장 이른 시간부터 일한 일꾼들은 부름받았을 때 기뻤다. 그렇게 그들은 가족을 먹여 살릴 수 있다는 확신을 가지게 되었다. 예수께서는 포도원 주인과 일꾼들에 대한 비유를 이렇게 도전적인 방식으로 이야기하심으로써 청중들과 독자들을 편하게 놔두지 않으시고, 분명하게 보라고 독촉하신다. 그대들은 진정 무엇으로 살고, 무엇을 위해 사는가? 그리고 그대들은 하느님의 포도원에서 사는 삶을 어떻게 이해하는가?

혼인잔치 비유(22,1-14)

마틴 루터는 혼인잔치 비유에 대해서 설교하기를 좋아하지 않았다. 그는 이 비유를 "끔찍한 복음"이라고 했다(Luz 3,249). 루터는 초대받은 사람을 바깥 어둠 속으로 내던지라고 노하시는 하느님은 예수 그리스도의 아버지일 수 없다고 생각했다. 그러나 여기서도 비유는 우리를 마음 편히 놔두지 않는다는 것이 유효하다. 비유는 심사숙고하는 과정, 사고 전환의 과정, 내적인 변모의 과정을 진행시킨다. 비유는 — 언어학자들이 그렇게 말한다 — "언어 사건"이다. 비유를 들음으로써 우리 안에 어떤 일이 일어나고, 그러면 삶에 대한 시각이 바뀌고, 우리의 하느님 상과 인간상이 변모된다.

우리는 이 비유를 여러 가지 방식으로 풀이할 수 있다. 일반적인 방식은 구세사적 해석이다. 그러면 자기 아들의 혼인잔치를 베푸는 왕은 자기 아들 예수가 사람들과 혼인잔치를 벌이도록 그를 이 땅에 보내시는 하느님이시다. 혼인잔치에 초대받은 종들은 예언자들이고, 또한 그리스도교 신앙의 전파자들이기도 하다. 유다교 청중들 눈에 초대받은 사람들이 오지 않는 것은 몰염치한 행동이다. 왜냐하면 왕자의 혼인잔치에 초대받는 것은 커다란 영광이기 때문이다. 초대는 혼인잔치에 앞서 오래 전에 이루어졌다. 종들은 지금 혼인잔치를 위한 모든 준비가 끝났고, 이제 잔치에 올 때라고 하면서 오래 전에 이루어진 초대를 상기시킨다. 하느님은 인내하신다. 그분은 자기 종들을 다시 보내 준비된 혼인잔치 음식과 풍성한 식탁으로 초대받은 사람들을 유인하신다. 그러나 그들은 아랑곳하지 않는다. 초대받은 사람들은 유다인 전체도 바리사이들도 아니다. 그들은 예언자들과 그리스도교 신앙 전파자들의 부름을 따르지 않은 사람들이다. 왜냐하면 다른 일들, 재산(밭) 혹은 사업, 성공이 더 중요하기 때문이다. 다른 초대받은 사람들이 종들을 살해하는 것은 과장되게 보인다. 그러나 여기서 예수께서는 이스라엘 역사에서 흔히 있었던 예언자 살해를 암시하고 있다. 하느님 이름으로 말했던 많은 예언자들은 회개를 요구함으로써 자기만족 상태에 있던 사람들을 방해했기 때문에 살해되었다. 왕이 살인자들을 없애기 위하여 자기 군대를 파병하는 것은 식사 초대의 분위기를 방해하는 것처럼 보인다. 이것은 아마도 마태오가 예수의 거절에 대한 벌이라고 본 예루살렘 멸망을 가리키는 것 같다. 이제 왕은 자기 종들을 다시 한 번 보내는데, 그들은 길 구석구석까지, 그 나라의 끝까지 가서 모든 사람, 착한 사람과 악한 사람을 모두 초대한다. 교회 안에는 그래서 선한 사람과 악한 사람이 있다. 하늘나라에 들어가기 위한 사회적 혹은 윤리적 조건이 없다. 모든 사람들이 초대받았다.

그러나 그다음에 사람들을 화나게 하는 대조적인 장면이 이어진다. 왕은 손님들을 둘러본다. 한 사람이 혼례복을 차려입지 않았다. 혼례복은 선사된 옷이라고 많은 성서 주석가들은 생각한다. 혼인잔치에 입을 예복을 초대받은 사람에게 함께 주는 것이 이스라엘에서는 관례라는 것이다. 그렇다면 혼례복은 선사받은 믿음일 것이다. 특히 개신교 성서 주석에서 그렇게 해석한다. 그러나 루쯔에 의하면 선사받은 예복에 대한 이런 해석은 성서 주석적으로 설득력이 없다. 사람들이 옛날 혼인잔치 때 입어야 했던 옷은 화려한 옷이 아니라 깨끗한 옷이었다. 따라서 입고 갈 옷을 빨래하여 혼인잔치를 준비해야 한다.

교부들은 이 예복을 상이하게 풀이했다. 육신의 성스러움(테르툴리아누스)으로, 선행(히에로니무스)으로, 사랑(아우구스티누스) 혹은 세례받은 사람들에게 입혀질 그리스도로 다양하게 해석했다. 아마도 이 비유에서 초대는 순전히 선물이지만 초대받은 사람은 자기 옷을 깨끗하게 함으로써, 그리고 "깨끗한 삶"을 살려고 노력함으로써 이 선물에 대한 보답을 해야 한다는 뜻인 것 같다. 선물에는 응답이 있어야 한다. 나의 전 실존으로 응답할 때에만 나는 선물을 진지하게 받아들이는 것이고 선물한 사람을 존중하는 것이다. 선한 사람들과 악한 사람들이 함께하는 식사는 늘 선인과 악인이 공존하는 교회의 상징이다. 결코 순결한 교회가 아니라 항상 혼합된 교회, 죄인들의 교회다. 그 안에는 죄인의 자리도 있다. 그러나 그는 자기 옷을 깨끗하게 하려고 노력해야 한다. 은총의 선물에 응답하지 않는 사람은 바깥 어둠 속으로 내던져질 것이다. 이것은 최후 심판의 상징이다.

우리는 이 비유를 개인적인 차원에서 "인간이 되어 가는 여정"으로도 해석할 수 있다. 이 개인적인 차원의 해석은 모든 것을 주관적인 단계에서 해석하는 심층심리학적 해석이라고도 부를 수 있다. 이 해석은 오리게네스까지 거슬러 올라간다. 그는 이 개인적인 차원의 해석을 교회적인 차원의 해석과 병행했다. 둘 다 나름대로 정당성이 있다. 오리게네스는 이 비유를 "신랑인 로고스와 신부인 영혼의 영적인 혼인을 통해 이루어진 공동체"(Luz 3,247)로 풀이했다. 영혼은 로고스와의 만남을 통해서 불멸성을 얻는다. 로고스와의 참된 만남과 하나 됨은 명상에서, 영적인 작용의 하느님 환시에서 이루어진다.

비유를 이렇게 해석하면 그것은 각 사람에게 현실적인 의미로 다가온다. 비유는 "자기화"(Selbstwerdung)[8]의 내적인 길과 하느님과 하나 됨에 이르는 내적인 길을 묘사한다. 우리는 누구나 혼인잔치에 초대받았다. 그리스도인으로 부름받았다는 것은 하느님의 계

---

[8] "자기화"는 융 심리학의 핵심 개념으로서 의식과 무의식이 통합되어 온전한 한 인격체가 됨을 의미한다 — 역자.

명을 지키는 것만이 아니라, 하느님과 예수 그리스도 안에서 하나가 되는 잔치에 초대받았다는 것을 의미한다. 우리 인생의 목표는 우리가 우리의 신적인 중심과 하나가 되는 자기화이다. 그런데 우리는 이 초대를 너무 대수롭지 않게 여기고, 그 초대에 무심하다. 첫 번째 초대를 우리는 간과하는데, 그 초대는 우리 가슴의 작은 움직임으로 온다. 우리의 본래 소명은 하느님께 우리 자신을 맡겨 드리는 것, 하느님과 하나 되는 데 있다는 것을 안다. 그러나 하느님께서 초대하시는 목소리는 우리 의식을 관통하지 못할 정도로 작다. 아니면 ― 두 번째 초대는 이렇게 묘사한다 ― 우리에게는 중요한 일이 있다. 재산의 증식과 성공을 향한 추구 그리고 일상의 일들. 그렇다, 우리는 많은 경우 내적인 움직임을 간단히 죽여 버린다. 그것들은 우리를 불쾌하게 하고, 조용히 놔두지 않는다. 그래서 우리는 그런 내적인 움직임을 활동을 통해서 무감각하게 만들거나, 입을 다물게 함으로써 죽여 버린다.

왕의 종들을 죽이는 것은 에고다. 에고는 자신의 자아중심적 성향을 방해하게 놔두지 않는다. 그러나 왕은 자기 종들을 다시 한 번 파견한다. 우리 안에 있는 모든 것이 초대받았다. 길거리에 서성거리는 사람들은 가난한 이들이다. 우리 안의 가난한 것은 부유한 것보다 하느님께 더 열려 있다. 종들은 온 나라, 길이 끝나는 곳까지 가야 한다. 우리 영혼의 모든 영역, 우리의 전체 인생사, 우리 무의식의 구석, 우리 안에 있는 모든 것은 하느님과 하나 되는 잔치에 초대받았다. 아무것도, 악조차 제외되지 않았다. 이것은 위로의 메시지다. 하느님께서 제시하시는 유일한 조건은, 우리가 그분의 초대를 진지하게 받아들이는 것과 우리 안에 있는 모든 것을 하느님께 보여 드리는 것이다.

내가 생각하는 혼례복의 의미는, 나를 초대하시는 임금님을 존경하고, 내가 가진 것, 그것이 아주 보잘것없고 찢겨졌어도, 그것을 정성스럽게 다루어 혼인잔치에 가지고 가는 것이다. 내 안에 있는 악을 퇴치할 필요는 없다. 그러나 나는 그것을 인식하고 사랑의 예복으로 감싸야 한다. 내 안에 있는 모든 것을 애정 깊은 눈으로 보아야 하고, 하느님께 내드려야 한다. 그러면 나는 혼인잔치에 참여해도 된다. 그러면 내 안에 있는 모든 것은 하느님과 하나가 될 수 있다. 하지만 나의 소유와 존재를 소홀히 대하면 나는 잔칫상에서 내쫓길 것이고, 내 중심에서 떨어져 나올 것이며 내적으로 어둠 속에 떨어질 것이다. 간과한 것이 나를 집어삼키는 어둠이 된다. 그것이 나를 내적으로 분열시킬 것이다. 그것이 울고 이를 간다는 뜻이다. 내가 나의 진리를 보고 하느님께 내드릴 준비가 되어 있지 않으면, 그 진리가 나를 부수고 으스러뜨릴 것이다. 그러면 내 인생은 절규와 울부짖음뿐일 것이다. 내 안의 악은 슬픔과 통곡, 불안과 무의미의 원천이 될 것이다.

마태오는 비유의 해석에서 인간적인 성향보다 하느님의 은총을 더 강조한다. 그러나 동시에 그는 인간에게 실천과 생각의 전환 그리고 은총의 신비를 진지하게 받아들일 준비를 통하여 은총에 응답하기를 요청한다. 여기서 그의 교회와 인간에 대한 이미지가 다시 드러난다. 교회는 완전한 사람들의 공동체가 아니라 선한 사람들과 악한 사람들, 강한 사람들과 약한 사람들, 의식 있는 사람들과 의식 없는 사람들의 공동체다. 공동의 잔칫상에서 사람들을 쫓아내는 것은 교회와 교회 지도자들의 권한이 아니다. 그것은 왕이, 즉 하느님 자신이 세상 종말 때 하실 것이다. 교회와 마찬가지로 인간도 분명하지 않고 모순으로 가득 차 있다. 인간 안에는 선과 악, 빛과 어둠, 수용과 거절이 공존한다. 마태오는 우리 안에 무엇이 있는지 의식적으로 인식하고, 그 위에 하느님께서 우리에게 주시는 옷, 즉 우리 자신을 있는 그대로 받아들이는 조건 없는 사랑의 옷을 입으라고 경고한다. 우리에게 제공된 최고의 옷을 입지 않고

의식 없이 되는 대로 살면, 우리의 삶은 자기 파괴와 절규와 울부짖음으로 끝날 것이다.

율사와 바리사이들을 나무라시는 말씀(23장)

율사와 바리사이들에 대한 예수의 불행 선언은 그리스도교 역사에서 계속해서 반유다이즘의 정당성을 증명하기 위한 성서적 근거로 제시되었다. 그래서 우리는 오늘날 예수의 이 말씀들을 조심스럽게 풀이해야 한다. 마태오 복음 23장이 유다교와 바리사이들에 대한 왜곡된 이미지가 형성되는 데 공헌한 것은 분명한 사실이다. 역사적으로 23장의 날카로움은 예루살렘 멸망 이후 얌니아 회의에서 그리스도인 공동체가 파문당한 사실에서 그 원인을 찾을 수 있다. 예루살렘 멸망 이후에 유다교에 남아 있었고, 유다교에 절대적인 영향을 끼쳤던 유일한 집단은 바리사이들이었다. 마태오 공동체는 유다교 회당에서 추방되는 쓰라린 경험을 했다. 예수 자신은 바리사이들과 좋은 관계를 유지했다. 그분은 그들과 토론했고 그들에게서 식사 초대도 받았다. 예수께서는 바리사이들과 논쟁을 벌이기도 했고, 많은 것을 그들과 달리 보셨다. 그러나 유다교 성서 해설가는 예수의 이견이 하느님 뜻의 올바른 이해에 대한 바리사이적 논쟁 범위 내에 있음을 강조한다. 예수께서는 유다교 전통을 깨뜨리지 않고 일정한 해석 가능성을 특히 강조했다는 것이다.

23장에 전해지는 율사들에 대한 많은 비판도 유다교 측에서는 비슷하게 본다. 역사적으로 유다교는 율사들과 바리사이들이 70년의 예루살렘 멸망 후에 "전체 삶을 엄격한 규정으로 묶음으로써 옛날 전통을 보존했기"(Schweizer 291) 때문에 살아남을 수 있었다. 역으로 예수의 새로운 움직임, "영의 현존, 예언의 성취, 사랑을 향한 위대한 해방을 체험한"(Schweizer 291) 이 새로운 움직임은 유다교에 대한 바리사이의 새로운 해석에 대해 마찬가지로 분명하게 거리를 두어야만 했다.

오늘날 23장과 바리사이들에 대한 불행 선언을 해석한다면 우리는 이미 그리스도교 공동체를 염두에 두고 있는 마태오의 뜻을 따라 해석해야 한다. 마태오는 예수의 설교를 다음과 같은 말씀으로 시작한다. "그때 예수께서는 군중과 당신 제자들에게 말씀하셨다"(23,1-2). 예수께서는 그리스도교 공동체에게 말씀하신 것이지 율사와 바리사이들에게 하신 것이 아니다. 마태오가 23장을 쓴 이유는 "바리사이들에 대한 특별히 부정적인 판단이 중요했기 때문이 아니라, 그가 독자들을 아주 특정한 태도를 가지도록 움직이고 싶었기 때문이다"(Limbeck 256). 마태오에게 관건은 그 당시 살아남은 바리사이들을 비방하는 것이 아니라, 모든 종교 공동체에 만연한 위험을 가리키는 것이다. 그것은 규정과 계명 뒤에 자신을 숨기는 위험이고, 다른 사람을 영적으로 이용하고, 종교적인 명분으로 다른 사람에게 권력을 행사하는 위험이며, 윤리화를 통해 자신의 인간적인 약점을 감추고 자신이 짊어질 수 없는 짐을 다른 사람에게 지우는 위험이다. 교회사에서 우리는 이런 "바리사이적" 경향이 계속 등장하는 것을 본다. 교회 역사에서 우리는 당위성과 실제 사이의 불쾌한 괴리를 볼 수 있다. 반복해서 윤리주의자들은 등장했고 사람들에게 지옥에 대해서 설교했지만, 다른 사람들에게 설교하는 것을 그들 자신은 살지 않았다. 나에게 23장은 매우 현대적인 의미로 다가온다. 왜냐하면 그것은 오늘날 특히 영적인 집단, 근본주의적인 모임과 유사종교와 흡사한 집단에 널리 퍼져 있는 영적 오·남용의 위험을 우리에게 보여 주기 때문이다.

예수께서는 율사와 바리사이들의 권위를 인정하신다. 그들이 가르치는 것은 분명 맞다. 그러나 예수께서는 그들이 "짐들을 없애기 위하여"[9] 손가락 하나 까딱하지 않는다고 비난하신다. 율사와 바리사이들은 율법이 인간에게 불필요한 짐이 되지 않도록 하는 율법 해석을 위해 아무런 노력도 하지 않는다. 그들은 사람에 대해서 진정한 관심을 기울이지 않는다. 왜냐하면 그들은 그들의 삶을 사람들과 나누지 않고, 사람들 위에 군림하기 때문이다. 이 위험은 그 당시 바리사이들에게만 있었던 것이 아니다. 그 위험은 모든 성서학자와 신학자, 모든 사목자에게도 있다. 예수께서는 우리가 정말 인간의 걱정과 어려움에 동참하는지 아니면 추상적인 신학과 사람들에게 부적합한 버거운 윤리 규정을 선포하는 데 만족하고 있는 것은 아닌지 자문하라고 경고하신다. 예수께서 원하시는 것은 자비로운 신학이지 인간을 무시하는 신학이 아니며, 자비로운 윤리이지 인간을 옭아매고 양심의 가책을 주는 윤리가 아니다.

예수의 말씀은 교회 안의 직무권자들뿐 아니라 모든 그리스도인, 영적인 길을 가는 모든 사람에게 해당된다. 왜냐하면 우리는 모두 다른 사람들에게 보여 주기 위해 기도하고 묵상하는 위험에 처해 있기 때문이다. 이런 일은 물론 우리가 다른 사람들의 인

---

[9] 공동번역: "그들은 무거운 짐을 꾸려 남의 어깨에 메워 주고 **자기들은 손가락 하나 까딱하지 않는다.**" 200주년 신약성서: "그들은 무겁고 힘거운 짐들을 묶어 사람들의 어깨에 지우고 **자신은 그것을 나르는 데 손가락 하나 대려 하지 않습니다.**" 필자는 짐들을 짊어진다는 의미가 아니라 짐들을 없애 준다는 의미가 정확한 번역이라고 말한다 — 역자.

정을 받기 위해서만 교회에 가는 식으로 그렇게 외적으로 일어나지 않는다. 교회에 가는 것은 오늘날 더 이상 인정받기 위한 길이 아니다(유럽, 특히 독일의 현재 상황을 말한다 — 역자 주). 그러나 모든 영적인 행위에는 다음과 같은 마음이 스며든다. "나는 저렇게 의식 없이 사는 다른 사람들보다 더 훌륭하다. 나는 더 심오한 사람이다. 나는 올바른 길을 간다." 그러면 벌써 나는 영성을 이용하여 다른 사람들보다 나 자신을 우월하게 여기는 것이다. 나는 나의 자존감을 높이기 위해, 나의 내적인 문제를 피해 가기 위해, 더 기분 좋게 느끼기 위해 신심을 잘못 이용하는 것이다. 나의 인간성을 보는 대신에 높은 영적 이상들과 나 자신을 동일시한다. 그것은 내가 무엇인가 특별한 존재라는 느낌, 일상적이고 평범한 일들에 매달려 있을 필요 없는 영적인 인간이라는 느낌을 준다. 나는 5-7절을 이런 의미로 이해한다. 이 구절들은 자신의 느낌만이 중요한 종교적 자아도취, 하느님을 자기 만족을 위해 이용하는 자아도취를 경고한다.

8절에서 예수께서는 직접 그리스도인 공동체와 그 지도자들에게 말씀하신다. "그러나 그대들은 랍비라고 불려서는 안 됩니다. 그대들의 랍비는 하나요 그대들은 모두 형제입니다." 랍비는 명예직이고 "나의 주인님" 혹은 "나의 어르신"이라는 뜻이다. 아마도 이 호칭은 바리사이들에게만 사용된 것이 아니라 그리스도인 공동체 안에서도 사용되었던 것 같다. 마태오는 그리스도인 공동체 안에 있는 율사들에 대항하여 싸우는 것이 아니다. 왜냐하면 모든 공동체는 성서를 잘 알고 공동체를 위해 성서를 풀이하는 학자도 필요하기 때문이다. 마태오 복음서는 그 당시 공동체에 율법학자들이 있었다는 사실을 보여 준다. 복음서 저자 자신이 율법학자였지 않은가. 마태오는 많은 율법학자들이 명예와 권력을 탐하는 것을 비판하는 것이다. 그리스도인 공동체는 형제들과 자매들로만 구성되어 있다. 모든 그리스도인은 한 스승, 그리스도 아래 평등하다. *adelphoi*(아델포이, 형제들)는 그리스도인들의 동등성과 상호 연대성을 뜻한다.

그리스도인들은 서로 "아버지"라고 불러서도 안 된다. "아버지"는 친아버지뿐 아니라 존경하는 인물, 스승 그리고 은인을 뜻한다. 그리스도인은 자신을 인간의 아들이나 딸로 만들어서는 안 된다. 그는 하느님의 아들과 딸이기 때문이다. 그리스도인은 자기 삶을 한 인간이나 구루(선생)로부터 받지 않고 하느님께로부터 받았다. 아마도 그 당시에는 사람들이 한 스승에게 매달려 있는 위험, 자신의 삶과 경험, 영성과 치유 및 구원이 그 스승 덕분이라고 믿는 위험이 널리 퍼져 있었던 것 같다. 우리가 인간을 통해 새로운 삶을 경험한다면, 그것은 항상 하느님, 진정한 아버지로부터 오는 것이다.

마지막 문장은 반복인 듯하다. "그대들은 스승이라고 불려서도 안 됩니다. 그대들의 스승은 오직 하나, 그리스도입니다"(23,10). 랍비는 스승이기도 하지 않는가. 그러나 여기서 마태오는 그리스어 *kathegetes*(카테게테스, 스승)를 사용한다. 여기서는 자기 공동체 안의 그리스 교육을 받은 구성원들을 두고 하는 말임이 분명하다. *kathegetes*는 아리스토텔레스의 표현이다. 그것은 철학의 스승, "정신적인 지도자와 양심의 안내자"(Grundmann 486 이하)를 뜻한다. 어떤 사람도 우리의 양심을 규정해서는 안 된다. 그것은 하느님의 일이고 예수 그리스도의 일이다. 어떤 영적 지도자도 우리가 무엇을 해야 하는지 말할 수 없다. 그리스도께서만이 그것을 말할 수 있다. 그리스도께서는 내적인 선생이시고, 우리에게 삶을 선사하시는 우리 아버지 하느님을 가리키시는 내적인 스승이시다.

마태오 복음 23장 8-10절의 예수 말씀들은 각 그리스도인에게 자신을 인간의 노예로 만들지 말라고 하시는 경고다. 하지만 그 말씀들은 역사의 흐름 속에서 위계적인 교회로 발전한 교회에게 가시이기도 하다. 물론 조직을 포기하는 것은 불가능해 보인다. 그렇지만 교계 제도를 포함하여 교회는 예수의 말씀

아래 있다. 루쯔가 교회 안에 있는 당위성과 실제 사이의 모순을, 권력을 성급하게 봉사라고 하고 고위 성직자들을 형제라고 부름으로써 해결하려는 시도에 반발하는 것은 정당하다. 교회 권력과 권력 구조에 대한 근본적인 논의가 필요하다. 권력 구조 없는 공동체는 있을 수 없다는 것은 명백하다. 그러나 권력 구조는 계속해서 상대화되어야 하고, 한 분 하느님과 한 분의 선생 그리고 스승이신 예수 그리스도 밑에 있어야 한다. 교회 안에서 주교와 교황의 "봉사"에 대해서 너무 많이 말하면, 권력을 표면화시키게 되고 그럼으로써 상대화하고 견제하는 세속 영역에서보다 현실적으로 통제 불가능하고 거의 절대적으로 행사되는 그들의 권력을 은폐하게 된다.

나는 불행 선언 전체를 일일이 풀이하기보다는, 영적 오·남용에 대한 경고 정도로 이해하고 싶다. 영적 오·남용은 오늘날 교회 안팎의 많은 영적 스승들에게서도 발생하고, 특히 개인적인 영적 지도에서 발생한다. 그런 영적 지도자들은 사람들을 그리스도께 매료시키는 재능을 가지고 있는데, 무의식중에 그렇게 매료된 사람들을 자기에게 종속시킨다. 마태오는 그리스도인 공동체에도 예수의 복음을 구약성서의 관점에서 해석하는 율법학자들이 있다는 것을 염두에 두고 있다. 그리스도인 율사들에게도 불행 선언은 해당된다. 그들은 하늘나라에 대해서 이야기하지만 그리로 들어가지는 않는다. 그들은 하느님과 그분의 다스리심을 진심으로 받아들이지 않는다. 그들은 하느님에 대한 이야기에 통달하고 싶어 하고 하느님에 대하여 정확히 알고 싶어 하지만, 그들 자신이 하늘나라에 들어가지 않기 때문에 제자들이 하늘나라에 들어가는 것도 방해한다(23,13).

둘째 불행 선언(23,15)의 과녁은 다른 사람들을 자신에게 의존하게 만들고 그럼으로써 맹목적인 광신주의로 오도하는 영적 지도자들이다. 유다계 선교사들에 의해 새롭게 개종한 사람들이 특히 힘하게 대했던 그리스도인들만이 그런 경험을 한 것은 아니었다. 이 경험은 오늘날에도 유효하다. 영적 지도자들을 맹목적으로 추종하는 광신적인 신봉자들은 관용을 용납하지 않는다. 그들은 악을 위해 자신을 오용한다. 그들은 자살 테러를 자행하고, 다른 믿음을 가진 사람들을 욕한다. 그들은 자기들이 늘 옳다고 주장하고 너그럽지 못하다.

셋째 불행 선언은 틀에서 벗어난다. 마태오는 여기서 항상 똑같은 서문을 포기한다. 그는 지금 오직 "눈먼 지도자들"을 향하여 말한다. 그들은 일례로 서약이 어떤 상황하에서 절대적으로 유효한가와 같은 사소한 규정에 집착함으로써(23,16-22) 종교적인 것의 의미를 왜곡시키고 있다는 것을 마태오는 밝혀 낸다. 이런 논쟁은 우리에게 낯설어 보인다. 그러나 우리는 오늘날 비슷한 종교의 비뚤어진 모습을 경험한다. 거기서는 외적인 규칙들이 신심의 의미보다 더 중요하다. 너무나 자주 그런 사소한 규정들을 통해 강박적 사고방식이 자라난다. 사람들에게 종교적 강박관념들이 주입되고, 그들이 그런 관념들로부터 탈출하는 것은 무척 어렵다.

넷째 불행 선언은 신명기(14,23)에 전해지는 본래 계명에 비해 율법학자들에 의해 더 첨예화된 십일조에 관한 것이다. 예수께서는 십일조에 반대하지 않으신다. 그분은 종교세에 반대하지 않으신다고 말할 수 있다. 그러나 그분은 율법학자들이 수많은 종교세 규정들 때문에 본질을 망각했다고 그들을 비난하신다. "정의와 자비 그리고 신의"(23,23). 모든 종교적 행위에서 결정적인 것은 예수와 마태오에게 사랑의 핵심 계명을 묘사하는 이 세 가지 태도다. 사랑이 없으면 모든 종교적 행위는 아무 소용이 없다. 이것을 예수께서는, 바리사이들이 포도주를 마실 때 체 — 혹은 그 당시 보통 그랬듯이 수건으로 — 로 모기는 걸러 내고, 모기와 마찬가지로 불결한 짐승으로 여겨졌던 낙타는 들이켠다는 격언으로 풍자하신다. 그들은 사소한 규정에 집착함으로써 그들 신심에 불결한 것이 어떻게 혼합되는지, 그들이 낙타를 어떻게 삼키는지 감지하지 못한다.

다섯째 불행 선언은 잔과 쟁반을 인간의 상징으로 사용한다. 잔의 겉만 깨끗이 닦는 것은 큰 의미가 없다. 인간은 내면을 보아야 한다. 그곳에 착취와 무절제가 있다(23,25). 이것은 우선 가난한 사람들의 재산을 착취하는 바리사이들의 소유욕을 두고 하시는 말씀이다. 그러나 그것은 하느님을 자기 자신을 위해 이용하고 싶은 영성적 위험을 의미할 수도 있다. 영성이 자신의 무절제를 정당화하고 다른 사람들의 관심을 끌기 위해서 잘못 이용되고 있다. 인간이라는 것으로 만족하지 않고, 영성적인 이념을 이용하여 자신을 모든 것 위에, 마지막에는 심지어 하느님 위에 올려놓고 싶다. 예수께서는 하느님을 잘못 이용하는 것에 대하여 민감하시다. 하느님께서는 인간 안에서 다스리고자 하신다. 그분은 인간이 인간 이상의 존재가 되는 데 당신 자신을 이용하도록 놔두지 않으신다.

여섯째 불행 선언은 안과 밖의 이 분열을 계속 이야기한다. 겉 표면은 아름답고 깨끗한데 마음속은 죽은 뼈들과, 불결함, 범법과 위선으로 가득 차 있다. 여기서 예수께서는 오늘날에도 널리 퍼져 있는 일종의 신심을 채찍질하신다. 사람들은 많은 신심 깊은 사람들 마음속에 있는 오물을 보고 경악한다. 그곳에 실제로 죽은 뼈들이 있고, 무덤과 부패 그리고 파괴로 기우는 성향이 있다. 많은 시체들이 그들 안에 묻혀 있다. 그래서 그들에게서는 죽음의 악취가 풍긴다. 그들의 신심은 삶이 아니라 죽음을 섬긴다. 그들은 공격적이기 때문에 자기 주변에 파괴만을 남기고, 삶의 모든 새싹을 잘라 버린다. 그들은 삶을 두려워하고 삶을 비윤리적인 것이라고 몰아붙인다. 그런 무덤 같은 신심을 우리는 그들의 말에서 알아챌 수 있다. 그들은 쉴 새 없이 죽음과 악마, 멸망과 끔찍한 심판에 대해서 말한다.

마지막 불행 선언은 조상들에 대한 태도에 대하여 말한다. 바리사이들은 자기들이 조상들의 예언자 살해와 무관하다고 한다. 그러나 예수께서는 그들이 조상들의 못된 짓을 완성할 뿐이라고 비난하신다. 여기서는 과거를 비판적으로 취급하고 있다. 우리는 오늘날 과거의 어떤 인물을 위해 기념비를 세우고, 어떤 인물을 본보기로 제시할 것인지 매우 조심스럽게 작업해야 한다. 우리가 순교자들을 공경하는 경우, 그것은 우리가 그들을 초대교회 성인들의 살인자들이나 제3제국(히틀러 치하의 독일 — 역자 주)에서 저항 투사들을 죽인 사형집행인들처럼 우리 안에 있는 살인적인 성향의 알리바이로 인도할 수도 있다. 우리가 신학자들을 성인으로 공경하면, 그들이 자신의 신학으로 무슨 영향을 끼쳤는지, 그들에게서 축복이 나왔는지 아니면 불행과 비구원이 흘러 나왔는지 비판적으로 검토해야 한다. 그렇지 않으면 우리는 역사를 반복하게 된다.

우리는 물론 우리 조상들의 부정적인 행위로부터 거리를 두고 싶지만, 우리가 그들과 똑같다는 것을 알지 못한다. 개인적인 친아버지와의 관계 역사도 마찬가지다. 자기 아버지와 전혀 다르게 살고 싶어 하는 사람은 종종 자기 아버지에게서 싫어하는 면을 무의식중에 닮는다. 한 민족이나 교회의 역사도 똑같다. 예수께서는 우리에게 과거에 대해서 비판적인 거리를 두라고 하시고, 우리가 우리 역사에 등장했던 예언자 살해범들과 똑같지 않은지, 똑같이 행하고 있지 않은지 양심성찰을 하라고 요청하신다.

이렇게 일곱 가지 불행 선언은 모두, 다른 사람들의 관심을 끌고, 다른 사람들 앞에 훌륭한 사람으로 보이기 위하여 영성을 잘못 이용하고 있는 것은 아닌지, 그리고 우리의 종교 신심으로 다른 사람들에게 권력을 행사하기 위하여 그들을 우리에게 의존적인 사람들로 만들고 있는 것은 아닌지 우리의 양심을 성찰하라는 경고다. 어떤 종교 집단도 영성적인 오·남용의 위험에서 제외되지 않는다. 이런 오·남용은 보수적인 집단이든 진보적인 집단이든, 교회 영역이든 뉴에이지 영역이든 어디에나 스며들 수 있다. 어디에나 영적인 여정에서 자기 에고로부터 자유롭지 못하고, 영성을 자기 에고를 부풀리고 모든 비판으로부터 자기를 보호하는 방패막이로 이용하는 사람들이 있다. 로마인들은 벌써 이렇게 말했다. Corruptio optimi pessima("최상의 것이 부패하면 최악이 된다"). 영성이 잘못 이용되면 인류에게 가장 심각한 불행이 닥친다.

열 처녀 비유 (25,1-13)

성서 해석과 예술사에서 열 처녀 비유만큼 커다란 영향을 끼친 비유도 없을 것이다. 4세기에 이미 로마의 어느 벽화에 슬기로운 처녀들이 묘사되었다. 로마네스크 양식과 고딕 양식은 슬기로운 처녀들과 어리석은 처녀들을 특히 성모 마리아 경당 정문에 묘사한다. 독자나 관람객들은 슬기로운 처녀들과 어리석은 처녀들을 자신들과 동일시했던 것 같다. 이 비유는 유다교의 혼인잔치 관습을 차용한다. 하지만 그 안에는 "닫힌 문"의 동인動因처럼 당시 혼인잔치 관례와는 모순되는 동인들도 있다.

우리는 이 비유를 다양한 방식으로 풀이할 수 있

다. 우리는 이 비유를 최후 심판이나 우리의 죽음에서 이루어지는 신랑, 즉 그리스도와의 만남에 대한 묘사로 해석할 수 있다. 그러면 비유는 우리에게 의식을 가지고 살고, 주님의 오심을 깨어 기다리라는 경고가 될 것이다.

그러나 우리는 이 비유를 매 순간 발생하는 그리스도의 오심으로 해석할 수도 있다. 그리스도께서 오시면 그분은 우리와 혼인을 할 것이고, 그러면 우리는 우리 자신과 온전히 하나가 될 것이고, 우리 안의 모순, 즉 남성과 여성, 빛과 어둠, 낮과 밤, 신성과 인성이 서로 합일될 것이다. 그러면 우리는 자기화(Selbstwerdung)와 하느님과의 하나 됨의 잔치를 벌일 것이다. 그것이 우리 삶의 목표다. 그런 삶은 기쁨과 잔치 그리고 누림의 연속이다. 이 비유는 우리의 자기화의 잔치를 향해 가는 길을 묘사하고 있다.

열 처녀는 신랑을 마중 나가 신부가 되기 위해 길을 떠난다. 그들은 등불을 가지고 가는데, 이 등불은 "막대에 등이 달려 있고, 아마도 기름이 스며든 심지가 타고 있는 그런 등불"(Luz 3,471)이었을 것이다. 이런 등불은 오래 가지 못한다. 오랫동안 타오르게 하려면 계속 기름을 부어주어야 한다. 처녀들은 아마도 등불을 들고 신부의 집에서 기다렸던 것 같다. 신랑이 온다는 외침이 들리자 그들은 등불을 챙긴다.

그때서야 비로소 어리석은 처녀들은 기름을 가지고 오지 않았다는 것을 깨닫는다. 그래서 그들의 등불은 얼마 안 가서 꺼진다.

등불에서 출발하는 성서 주석가들은 등불이 그동안 내내 타올랐다는 점에 주목한다. 어리석은 처녀들은 신랑의 도착 지연을 계산하지 못했던 것이다. 다른 주석가들에 의하면 처녀들은 신랑이 온다는 외침을 듣고서야 등불에 불을 붙였다. 그때 어리석은 처녀들은 기름이 없다는 것을 알았다. 그들은 신랑을 마중할 때 추는 춤을 끝까지 출 수 없었다. 첫째 경우에 어리석음은 그리스도 재림의 지연을 예상하지 못한 데 있다. 둘째 경우에 어리석다는 것은 생각 없이 사는 것, 내 소명을 위해 중요한 것을 신중하게 다루지 않는 것, 등불을 반만 준비하는 것을 뜻한다. 나는 둘째 의견에 동조한다. 슬기로운 처녀들은 신랑과의 춤을 위해 만반의 준비를 했고, 어리석은 처녀들은 대충 그리고 성의 없이 준비한 것이다.

현명함과 어리석음의 대비는 예수의 비유에서 전형적이다. 바위 위에 집을 짓는 현명한 사람과 모래 위에 집을 짓는 어리석은 사람이 있다(마태 7,24-27). 자기 인생이 일찍 끝날 것을 예상하지 못한 어리석은 부자가 있다(루가 12,16-21). 현명하기 때문에 칭찬받는 불의한 청지기가 있다(루가 16,1-18). "어리석은"

을 표현하는 그리스어 *moros*(모로스)는 "미련한, 둔감한"이라는 뜻이다. 그것은 적절하지 못한 행동과 합리적인 사고의 결핍을 말한다. 이성을 혼란스럽게 하고 인간으로 하여금 상식 밖의 행동을 하게끔 하는 권력이 어리석음일 수 있다(Bertram 837 이하). "슬기로운"을 뜻하는 그리스어 *phrominos*(프로미노스)는 "횡경막, 인간의 내면, 의식, 이성"을 의미하는 *phrenes*(프레네스)에서 유래한다. 슬기로운 처녀들은 따라서 자신의 내적 통찰력을 따르는 사람들이고 건강한 인간 이성을 가진 사람들이다. 플라톤에게 어리석은 사람이 악한 사람인 데 반해 현명하고 사려 깊은 사람은 항상 선한 사람이기도 하다. 사려 깊은 사람은 자기의 감각을 신적인 것에 집중시킨다. 비유에서 슬기로운 처녀들이 상황을 올바로 판단하는 데 반해 어리석은 처녀들은 실제를 보지 않는다. 외적인 실제는 내적인 실제와 하느님과의 관계를 상징한다.

예수께서 유다교의 혼인잔치 관습을 배경에 두고 비유를 이야기하시면 청중들은 분명 귀를 기울였을 것이다. 왜냐하면 혼인잔치에 대한 이야기는 청중 누구에게나 흥미로운 일이기 때문이다. 예수께서는 당신의 이야기 방식으로 청중을 사로잡는다. 하지만 그런 다음 그분은 혼인잔치 장면을 낯설게 만드신다. 그분은 당신 청중을 자극하신다. 그분은 슬기로운 처녀들이 어리석은 처녀들에게 기름을 나누어 주기를 거부한다고 이야기하심으로써 청중들을 잘 듣게 만들고, 많은 사람들을 화나게 하신다. 오늘날까지도 많은 독자들은 현명한 처녀들의 이 행동에 대하여 즉시 윤리적인 심판으로 반응한다. 왜 슬기로운 처녀들은 자기들의 기름을 어리석은 처녀들에게 나누어 주지 않는가? 그것은 분명 이기주의다. 그들은 다른 사람들과 기쁨을 나누었어야 했다. 그러나 예수께서는 슬기로운 처녀들의 행동을 판단하지 않으신다. 그냥 그런 것이다. 예수께서는 이 비유로 청중들에게 다음과 같이 요청하신다. "모든 것이 결정되는 순간에 여러분들은 다른 사람들에게 여러분 자신을 맡길 수 없습니다. 여러분들이 의식 없이 살면 다른 사람들이 여러분의 눈을 열어 준다는 것으로 핑계를 댈 수 없습니다." 이것은 경고하는 꿈을 풀이하듯이 비슷하게 해석해야 할 경고성 비유다. 여기서는 다른 사람들의 행동이 합리화되는 것이 아니라 자기 행동의 결과가 드러난다. 내가 만약 의식 없이 되는 대로 살면 결정적인 순간에 나는 빈손으로 서 있을 것이다.

옛날부터 해설가들은 기름의 의미를 어떻게 해석할 것인가에 대해 고심했다. 많은 사람들이 기름을 믿음 — 등불 — 에 꼭 따라와야 할 선행으로 풀이했다. 아우구스티누스는 기름을 그리스도인의 행동이 나오는 신념으로 해석했다. 기름은 그에게 사랑의 상징이다. 나는 다른 사람과 신념을 나눌 수 없다. 슬기로운 처녀들은 어리석은 처녀들에게 자신들의 사랑에 대하여 전할 수 없다. 나는 빵과 포도주, 세속적이고 영적인 소유를 다른 사람들과 나눌 수 있다. 그러나 나는 나 자신의 신념을 다른 사람에게 강요할 수 없다. 그것은 각 개인의 과제다. 이렇게 아우구스티누스에게 이 비유는 우리 안에서 사랑을 깨우라는 경고다. 이 사랑은 이미 우리 안에 있지만 우리는 그 사랑과 너무나 자주 동떨어져 있다.

자기 삶에서 기름의 의미가 무엇인지 깊이 생각한 어느 부인이 한 모임에서 말했다. "기름으로 음식이 부드러워지고, 나는 내 몸에 기름을 바릅니다." 그녀는 비유에서 자기 자신에게 무엇인가 베풀고, 자기 자신을 너그럽게 대하며, 항상 양심의 가책을 가지고 살지 않아도 된다는 예수의 허락을 보았다. 기름에 대하여 어떤 경험을 했는가에 따라 각 사람은 기름을 다르게 풀이할 것이다. 그리고 각 사람이 자기의 경험 지평에서 비유를 묵상하는 것은 정당하다.

슬기로운 처녀들은 어리석은 처녀들에게 상인들한테 가서 기름을 사라고 일러 준다. 아우구스티누스 이후로 슬기로운 처녀들의 이 요청은 풍자적으로 이해되었다. 밤에는 상인들한테서 기름을 살 수 있는 가능성이 전혀 없다. 밤에는 상점들이 문을 닫는다. 그렇다면 예수께서 이 상징으로 말씀하시고자 하는 것은 이런 것이다. 우리가 우리 안에서 개발하지 않은 것은 결정적인 순간에 구매할 수 없다. 사랑은 판매될 수 없다. 사랑은 우리 안에서 자라야 한다. 우리는 사랑이 우리의 모든 행동을 규정하도록 노력해야 한다. 다른 성서 주석가들은 혼인잔치 때에는 온 동네가 깨어 있고 그래서 상인들한테서 기름을 구매하는 것도 가능하다고 본다. 그렇다면 지각이라는 동인만이 중요하게 된다. 내가 만약 순간에 살지 않으면, 바로 지금 이 순간에 일어나는 일을 현명하게 받아들이지 않으면, 나는 삶에서 결정적인 순간에 지각하게 된다.

어리석은 처녀들은 닫힌 문 앞에 서 있다. 팔레스티나에서 혼인잔치가 벌어지고 있는 집은 보통 모든 손님들에게 열려 있다. 아무 때나 올 수 있다. 닫힌 문과 지각이라는 동인은 따라서 혼인잔치 이야기를 낯설게 만든다. 그러나 그것은 우리의 꿈에서 자주 등장하는 중요한 동인들이다. 꿈에서 지각하는 것은, 내가 아직 과거의 문제에 매달려 있다는 뜻이고, 아직 과거의 상처를 붙들고 있어서 순간을 살기에 무능하다는 뜻이다. 그리고 닫힌 문은, 내가 나의 내면, 나의 참된 자기와 관계를 맺지 못하고 있음을 가리킨다. 유다교 속담에서 닫힌 문은 놓친 기회를 뜻한다(Gnilka 352). 내가 만약 지각하는 꿈과 닫혀 있는 문에 대한 꿈을 꾸면, 그것은 실제로 그렇게 될 것이라는 뜻이 결코 아니다. 그것은 오히려 나에게 깨어나라고, 순간을 살라고, 내 영혼 및 가슴을 만나라고 요구하는 경고성 꿈이다. 만약 내가 너무 오랫동안 나의 진정한 자기와 관계를 맺지 않고 의식 없이 바깥 세상을 방황한다면, 어느 때인가 갑자기 너무 늦는 일이 벌어질 수 있다. 내가 나의 참된 자기와 관계를 맺을 수 없을 정도로 나 자신과 분열되어 있는 것이다. 그렇게 되지 않도록 예수께서는 이 비유를 이야기하신 것이다.

우리는 깨어 있어야 하고 순간에 존재해야 한다. 있는 그대로의 실제를 인식할 수 있도록 우리는 눈을 떠야 한다. 그리고 우리는 슬기로워야 한다. 슬기로움이란, 우리가 예수의 말씀들을 들을 뿐 아니라 그것을 따르는 것이라고 교부들은 해석했다. 마태오도 이런 의미로 산상설교 마지막에 자기 집을 바위 위에 짓는 현명한 사람에 대한 예수의 비유 이야기를 배치했다. 마태오에게 그리스도인의 삶은 결코 어떤 이념을 따르는 것만이 아니라, 예수의 말씀들을 구체적으로 일상에서 실천하는 것이고, 그 말씀에 사랑의 실천으로 응답하는 것이다. 믿음과 실천은 마태오에게 하나의 합일체다. 이렇게 그는 바울로와는 다른 신학을 전개한다. 마태오는 자기 공동체에게 계속 상기시켰던 것을 강조한다. 믿음은 표현되어야 한다. 그렇지 않으면 믿음은 소멸된다.

달란트 비유 (25,14-30)

많은 사람들은 달란트 비유에 대하여 불만을 가진다. 그들은 본능적으로 실패한 셋째 종, 즉 한 달란트밖에 받지 못하고 거기다 벌까지 받은 종에게 연민을 느낀다. 예수께서는 어떻게 삶에서 진정으로 성공할 수 있는지를 볼 수 있는 눈을 열어 주기 위해서 사람들을 의도적으로 셋째 종과 유대감을 가지도록 초대하신다. 셋째 종처럼 우리의 달란트를 땅에 묻어 버린다면, 우리는 삶을 거부하는 것이다.

이 비유는 해석자들에 의해 너무 자주 오용되었다. 교사들은 이 비유를 도구로 삼아 학생들에게 더 좋은 성적을 내도록 채찍질하려 했다. 학생들은 그들의 달란트를 개발해야 한다는 것이다. 그러나 이 비유에서 예수께 중요했던 것은 성적이나 업적이 아니라 신뢰와 두려움이라는 주제다. 첫 두 종은 주님께서 맡기신 달란트를 가지고 사업을 했다. 그들이

상을 받은 것은 업적 때문이 아니라 신뢰 때문이다. 돈을 투자하여 사업하는 사람은 항상 그 돈을 잃을 수 있는 모험을 감수해야 한다. 모험이 없는 사업은 없다. 모험을 꺼리는 사람은 셋째 종처럼 자기 달란트를 땅에 묻어 두고 썩힌다. 셋째 종이 왜 자기 달란트를 땅에 묻어 두었는지 비유는 분명하게 이야기한다. 그는 다른 종들과 비교해서 너무 열등하고 부족하다고 느낀다. 그는 그들보다 적게 받았다. 그는 자신을 그들과 비교하고, 자기 동료들처럼 그렇게 좋은 여건이 아니기 때문에 자기 삶을 거부한다.

셋째 종이 자기 달란트를 땅에 묻어 둔 둘째 이유는 그가 가지고 있는 하느님 상이다. "저는 주인님이 모진 분이라 심지도 않은 데서 거두고 뿌리지도 않은 데서 모으신다는 것을 알고 있었습니다. 그래서 두려운 나머지 물러가서 주인님의 달란트를 땅속에 숨겼습니다"(25,24-25). 셋째 종은 벌주고 심판하는 하느님 상, 어떤 실수도 용납하지 않는 엄격한 주인의 이미지를 가지고 있다. 이런 하느님을 그는 두려워한다. 예수께서는 청중들에게 이렇게 말씀하고자 하신다. "만약 그대가 그렇게 부정적인 하느님 상을 지니고 있으면, 그대가 하느님을 엄격한 심판자와 심지 않은 곳에서 거두는 전제적인 하느님으로 상상하고 있다면, 그대의 삶은 지금 이미 울면서 이를 가는 상태일 것입니다. 그리고 그대가 만약 하느님을 두려워한다면, 그 두려움이 지금 벌써 그대를 마비시키고 삶을 방해할 것입니다. 병든 하느님 상이 그대를 병들게 합니다."

셋째 종이 자기 달란트를 땅에 묻어 둔 셋째 근거는 안전을 우선시하는 사고방식이다. 자신이 불리하다고 느끼기 때문에 그는 소유하고 있는 것을 어떤 경우라도 잃고 싶지 않다. 그리고 그는 누구의 비판도 받지 않기 위해서 아무런 실수도 범하지 않으려고 한다. 그러나 바로 아무런 실수를 범하지 않으려고 하기 때문에 그는 모든 것을 잘못한다. 바로 모든 것을 통제하고 싶어 하기 때문에 그의 삶은 통제 불능 상태에 빠진다. 자기 자신과 자기 달란트를 꽉 움켜쥐고 있으려는 그는 결국 모든 것, 즉 자기 달란트와 자기 자신을 잃고 만다.

주님께서는 이 종을 "악하고 겁 많은" 종 — "게으른" 종이 아니라 — 이라고 하신다.[10] 그 종은 겁나서 아무것도 시도하지 않았다. 그는 우유부단하고 겁이 많으며 어떤 결정도 내리지 못한다. 주님께서는 그 종이 엄격한 주인의 이미지에 대해 다르게 행동할

---

[10] 공동번역: "너야말로 악하고 게으른 종이다." 200주년 신약성서: "악하고 게으른 종아." 독일 공동번역 성서도 "악하고 게으른 종"이라고 번역했는데 필자는 이 점을 지적한다 — 역자.

수 있었다고 비난하신다. 돈을 최소한 은행에 맡길 수도 있었다. 그러면 이자를 받을 수 있었을 것이다. 그 당시 이자율은 최대한 12%까지 되었다. 따라서 짭짤한 수익이 되었을 것이다. 그러나 그 종은 돈을 사용할 줄 모르는 사람으로 판명되었다. 그래서 그에게서 달란트를 빼앗아 다른 사람에게 주게 한 것이다. 이 점이 종종 청중들의 불만을 산다. 나는 종종 다음과 같은 반응을 듣는다. "그것은 정의롭지 못합니다. 그렇지 않아도 그 종에게는 불리한 여건입니다. 그건 그가 원한 여건이 아닙니다. 이제 남은 것마저 빼앗아 갑니까!" 하지만 예수께서는 청중들에게 안전 위주의 사고방식이 어떤 결말에 도달하는지 주의를 환기시키고자 하신다. 셋째 종처럼 그렇게 겁쟁이로 사는 사람은 자기 자신을 파멸시키는 것이고, 자신에게서 삶을 훔치는 것이며, 자기 삶을 거부하는 것이다.

마태오는 주인님을 분명히 승천 때 인간을 떠나셨고 세상 종말에 영광 속에 다시 오실 예수라고 보았을 것이다. 그러면 종들은 하느님께서 당신의 재산을 맡기신 그리스도인들이다. 이 상징에서 각 사람이 품고 있는 존엄성이 드러난다. 하느님께서는 각 사람에게 당신의 재산 중 일부를 맡기셨다. 달란트는 영적인 전통에서 상이하게 이해되었다. 오리게네스는 달란트를 하느님 말씀으로 이해했다. 그렇게 본다면 다섯 달란트는 성서에 대한 영적 이해를 의미하고, 두 달란트는 문자뿐 아니라 영적인 의미도 생각하는 사람을 가리킨다. 한 달란트는 문자에만 매달려 있는 것을 의미한다.

다른 사람들은 다섯 달란트를 인간이 하느님께로부터 받은 다섯 가지 감각으로 풀이한다. 중세 때에는 하느님께서 인간에게 주신 모든 선물과 카리스마를 달란트라고 표현했다. 달란트를 축적하는 것은 성서에 대한 깊은 이해나 우리 삶에 결실을 맺게 하는 사랑으로 이해되었다. 달란트를 땅에 묻는 것은 중세에 벌써 두려움의 표시로 이해되었다. 두려워하는 사람은 자기 자신의 주변만 맴돈다. 그는 사랑 안에서 자신을 선사하는 자유를 모른다.

나에게 이 비유는 두려움이 아닌 신뢰를 바탕으로 살라는 초대다. 아무런 실수도 하지 않으려고 초조한 마음으로 노력하는 사람은 근본적으로 모든 것을 잘못하는 것이다. 그는 자기 자신에게 두려움의 지옥에서 사는 삶을 마련한다. 두려움 때문에 모든 것을 통제하려는 사람은 밤에 자주 어금니를 깨물어야 한다. 왜냐하면 두려움 때문에 억제하고 싶은 모든 것이 밤에 고개를 쳐들 것이고, 그는 그것을 엄청난 무력으로 억눌러야 할 것이기 때문이다. 이렇게 그의 삶은 어금니를 깨물고 울부짖는 모습일 것이다.

문제는 예수께서 왜 그토록 강렬한 이미지들을 사용하느냐는 것이다. 우리가 불안해하는 태도에 대해 본성적으로 연민을 느끼시기 때문에, 그분은 그런 태도를 극단으로 몰고 가신 것 같다. 우리에게는 우리 자신을 불쌍히 여기는 성향이 있다. 우리는 부족한 존재가 아닌가. 모든 것이 매우 어렵다. 우리가 받은 이 작은 것을 가지고 제대로 살 수 없다. 예수께서는 이런 사고방식이 어떤 결말에 이르는지 강렬하게 묘사하심으로써 이런 태도에서 우리를 해방시키고자 하신다. 그분은 비유에서 우리가 신뢰와 사랑의 길을 받아들이도록 우리의 두려움을 두려움으로 몰아내고자 하신다.

나는 이 비유에서 자기 자신을 평가절하하고 자신을 다른 사람들과 비교하여 열등감에 빠진 사람들을 대하시는 예수의 지혜를 본다. 친한 심리학자가 나에게 스스로에게 모든 것을 잘못한 어떤 부인 이야기를 했다. 그는 상담에서 그녀에게 용기를 주고 그녀의 장점을 알려 주려고 노력했다. 그러나 그가 그녀의 좋은 점을 표현하려고 노력할수록, 그녀는 자기 자신을 더 평가절하했다. 그런 다음 그에게 깨달음이 왔다. 그는 그녀가 말한 부정적인 말들에 동조하고 더욱 강조했다. 그러자 그녀는 한순간 반항하기 시작했다. "무슨 생각에서 나에 대해 그렇게 말합니까?" 사람들이 자기 자신을 얼마나 잘못 보고 있는지 깨닫고 인식하도록 하려면, 많은 경우 그들의 절망적인 태도를 분명하게 보여 주어야 한다. 그 심리학자처럼 예수께서는 두려움의 결말을 보여 줌으로써 청중들 마음속에서 신뢰심을 불러일으키고 싶으신 것이다. 그분은 인간의 약점을 묘사함으로써 그를 당신의 강점으로 인도하고 싶으신 것이다. 그분은 자기 연민에 빠져 있는 사람이 더 이상 자기 자신 주변만 맴돌지 않고, 자신의 삶을 감행할 용기를 얻도록 그의 눈을 열어 주고 싶으신 것이다.

최후 심판(25,31-46)

영성사에서 최후 심판에 대한 이야기보다 더 큰 영향을 미친 마태오 복음서의 본문은 없을 것이다. 여기서 그리스도교의 삶과 사랑은 전 세계적인 차원으로 이해된다. 이웃 사랑은 모든 사람들, 그들이 그리스도인이냐 아니냐에 상관없이 모든 이들에게, 특히 가난한 사람들과 고통받는 사람들에게 해당된다. 계산하지 않는 사랑이 관건이다. 사랑은 다른 목적을 위해서가 아니라, 사랑 자체를 위해서 행해진다. 이 이야기는 특히 독일 철학자 임마누엘 칸트를 매료시켰다. 그러나 무신론자들도 최후 심판 이야기에 매료되었다. 해방신학은 예수의 이 말씀을 복음의 핵심이라고 보았다. 해방신학은 "이웃의 성사"에 대하여 말하는데, 이 성사를 거치지 않고 하느님께 가는 길은 없다(Luz 3,523).

다른 종교들과의 대화에서도 이 본문은 중요하다. 예수께서 그리스도인들에게 요청하시는 사랑은 어떤 종교에 속하느냐에 관계 없이 모든 사람들에게 해당된다. 그것은 다른 종교들도 이해해야 할 요청이다. 인간을 사랑하는 사람은 누구나 예수의 계명을 알든 모르든 그의 계명을 실천하는 것이다. 그리고 그는 예수 그리스도에 대하여 아무것도 들어 본 적이 없더라도 인간 안에서 그분을 만나는 것이다.

교부들은 이 본문을 무엇보다도 자비를 행하라는 경고로 이해했다. 그리스도인들은 가난한 이들에게 관심을 기울여야 하고, 그들의 배고픔과 갈증을 없애 주어야 하며, 그들에게 입을 옷을 주고, 그들의 상처를 치유해 주어야 하며, 그들이 감옥에 있을 때 찾아가야 한다. 걸인에게 자신의 겉옷을 벗어 준 그 날 밤 마태오 복음 25장 40절을 인용하시는 그리스도를 뵈었다는 마르티노 성인의 전설[11]은 이 최후 심판 이야기를 그리스도인들의 의식에 깊이 각인시켰다. 오리게네스는 자비의 행위를 문자적으로만이 아니라 정신적으로도 이해했다. 즉, 그는 음식을 영적인 양식으로, 옷을 지혜의 옷으로 그리고 위로를 영적인 위로로 이해했다.

청소년기에 나는 이 본문에 늘 매료되었다. 최후 심판 이야기는 나에게 나 자신의 주변을 맴도는 것을 포기하고 곤경 중에 있는, 도움을 필요로 하는 사람들을 보라는 충고였다. 동시에 이 본문은 나에게 두려움을 주기도 했다. 왜냐하면 내가 청소년이었을 때 이 본문은 종종 "경고조로" 해석되었기 때문이다. 그리스도인이라는 것은, 오직 온전히 다른 사람을 위해 존재하는 것, 어디서나 가난한 사람들과 배고픈 사람들, 물질적으로 가난한 사람들뿐 아니라 정신적으로 가난한 사람들을 찾는 것으로 측정되는 것이었다. 그런 다음 이 이야기는 나에게 양심의 가책을 느끼게 했다. 왜냐하면 어려움 중에 있는 모든 사람을 나는 알 수 없었고, 하물며 그들을 도울 수는 더욱 없었기 때문이었다. 남을 도와주는 일은 그 이후로 양심의 가책을 느끼지 않기 위한 것이었지, 진실로 다른 사람 자체를 받아들인 것은 아니었다.

---

[11] 마르티노는 316년 지금의 헝가리에서 태어나 397년에 죽었다. 전설에 의하면 그는 어느 날 성문 앞에서 추위에 떨고 있는 걸인에게 자기 겉옷을 벗어 주었다. 그날 밤 누더기 겉옷을 입으신 그리스도께서 마르티노에게 나타나셨다. 그는 그리스도교에서 순교하지 않고 성인이 된 최초의 인물이다 — 역자.

"도움 안 되는 도우미"에 대한 책이 나의 눈을 뜨게 해 주어, 다른 사람을 도와주는 행위에 얼마나 자주 다른 동기가 스며드는지 알게 되었다. 다른 동기들이란 다른 사람을 지배하려는 마음, 자신을 훌륭한 사람으로 내세우고 싶은 마음, 자신의 결점을 봉사를 통해 메우려는 마음 등이다.

 심판관이 왕으로 등장한다는 사실이 나에게 도움이 되었다. 예수에 의하면 나는 양심의 가책으로부터 벗어남으로써 가난한 사람을 도와주는 것이 아니라, 그를 왕 같은 사람으로 보고 대우함으로써 도와주는 것이다. 도움이라는 것은 다른 사람을 도움받는 자로 격하시키는 일이어서는 안 되고, 그가 왕 혹은 여왕으로서의 자신의 품위를 발견할 수 있도록 그를 일으켜 세우는 일이어야 한다. 이런 의미에서 예수의 심판 말씀은 주변에 있는 사람들에게 관심을 가지라는 지속적인 도전이다. 그들이 언제 배고프고 목마른지, 언제 집 없고 고향을 잃은 처지인지, 벌거벗고 초라한지, 강박관념에 쫓기고 있고 자신 안에 갇혀 있는지 눈여겨보라는 도전이다. 나는 물론 모든 사람을 치유할 수 없고 모든 사람에게 도우미가 될 수는 없다. 자신의 한계를 받아들여야 한다. 그런데도 예수의 말씀은 나의 마음을 불편하게 한다. 그 말씀은 오늘날 많은 영성 기법에서 볼 수 있는 현상인 자기 자신의 주변만을 맴도는 자아도취적 기만으로부터 나를 해방시킨다. 내가 예수의 제자인가 아닌가는 이웃을 위한 행위에서 증명된다. 모든 사람들을 도와주는 것은 무리다. 그러나 형제와 자매를 왕이나 여왕으로 보는 것, 그것은 할 수 있다. 바로 그것이 인간을 일으켜 세운다. 그것이 바로 헐벗은 사람에게 왕 같은 품위의 옷을 입혀 주고, 굶주린 사람에게 관심과 존중심의 양식을 주는 첫걸음이다.

예수의 최후 심판 말씀 중에서 두 가지 이미지가 독자들에게 문제가 된다. 하나는 심판의 이미지다. 많은 사람들에게 심판은 두려움과 공포를 자아낸다. 그들은 심판에서 낙오할까 봐 두려워한다. 그들은 자신들의 행위를 저울에 올려놓고 일일이 점검하는 하느님 이미지를 가지고 있다. 그들 쪽이 너무 가벼워 저울이 올라가면 영원히 저주받는 것이다. 심판에 대한 이야기는 경고 말씀이다. 예수께서는 우리에게 의식을 가지고 살라고 경고하신다. 이웃 사람과의 올바른 관계가 예수의 영에서 나오는 이런 의식적인 삶에 속한다.

심판은 지금 벌써 우리의 행위에서 무엇이 관건인가를 보여 준다. 그것은 죽느냐 사느냐의 문제다. 인간은 신념뿐 아니라 행적에 따라서 심판받는다. 마태오에 의하면 그리스도 고백은 예수 그리스도에 대한 교의적으로 올바른 진술에서 드러나지 않고, 구체적인 행동에서 드러난다. 그리스도인이든 다른 종교의 신봉자들이든, 믿든 믿지 않든, 신론자들이든 무신론자들이든 관계없이 모든 사람들은 세상의 심판자이신 그리스도 앞에 나갈 것이다. 판단은 우리의 몫이 아니고, 인간의 마음을 보시는 그리스도만의 몫이다. 마태오는 예수의 심판 말씀 전에 예수의 역사를 이야기했다. 그것은 "임마누엘 — 하느님께서 우리와 함께 계시다"는 이야기다. 예수께서는 우리를 도와주는 분이시고 구원자이시다. 그렇기 때문에 우리는 심판자이신 예수께서는 동시에 우리의 상처를 치유하시고, 길 잃은 양인 우리를 당신 나라로 데려가시는 구세주이심을 신뢰해도 된다. 최후 심판 이야기는 많은 사람들을 두려움에 떨게 했다. 마태오 복음서의 목표는 두려움이 아니라, 결단력 · 개방성 그리고 사람들과의 연대감이다.

  심판의 이미지와 연결되어 있는 둘째 이미지는 양과 염소를 구분하는 이미지다. 대부분 "양들과 염소들"로 번역하는데, 부정확한 번역이다. 목자가 저녁에 양들과 염소들을 구별하는 것은, 염소들이 밤에는 양들보다 더 따뜻한 공기를 필요로 하기 때문이라는 해석도(Grundmann 526 참조) 적절하지 못하다. 단어의 뜻에서 볼 때 목자는 도살시킬 새끼 염소를 양과 염소로 이루어진 새끼 가축 무리에서 골라낸다(Luz 3,533 이하 참조). 도살시킬 새끼 염소는 왼편에, 불행하고 불운한 편에 세우고, 다른 가축들은 오른편에, 옳고 행운이 있는 편에 세운다.

구별의 이미지는 많은 이들에게 심판의 이미지처럼 두려움을 자아낸다. 그들은 오른편에 서게 될지 아니면 왼편에 서게 될지 자문한다. 그러나 구별의 이미지 역시 미래의 세상 심판에만 해당되는 것이 아니라 우리의 현재 행동에도 해당된다. 지금 여기서 예수께서는 당신 계명에 맞는 행동을 결정하라고 요구하신다. 우리는 단순히 무의식중에 되는 대로 살아서는 안 되고, 항상 우리 주변에 있는 사람들과 삶을 위해 결정을 내려야 한다. 우리의 행동이 하느님의 뜻에 부합되는지 안 되는지, 우리 행동이 이웃의 삶에 도움이 되는지 안 되는지 분별해야 한다. 늦어도 죽음에서 하느님께서는 우리의 삶에서 당신 사랑에 모순되는 모든 것을 잘라 버리실 것이다. 죽음에서 이루어지는 하느님과의 만남은 하느님과 하느님 사랑을 위한 우리의 결정을 요구하고, 그 결정은 구별로 이어질 것이다. 우리가 언제 하느님을 간과했고, 그분의 모습이 드러나는 사람을 지나쳤는지 하느님 앞에 가면 알게 될 것이다. 그것은 쓰라린 구별의 과정일 것이다. 그러나 우리는 간단히 왼편에 세워지지 않을 것이고, 우리가 하느님과 하나 되려면 희생되어야만 하는 것들만 우리 안에서 구별될 것임을 신뢰해도 된다. 구별과 솎아냄의 이미지는 지금 여기서 세상의 심판자이신 예수의 계명에 부합되는 삶을 살기로 결정하라고 요구하고자 한다. 이 세상의 심판자가 누구인지 마태오는 예수의 이야기에서 묘사했다. 그리고 그것은 심판 말씀에 이어지는 수난의 역사에서 분명해진다. 예수께서는 "너그러우시고, 마음으로 하느님께 순명하시는, 세속의 권력 수단이 없는 왕"(Grundmann 15)이시고, 당신 아버지의 사랑 지극하신 팔에 안기시기 위하여, 인간의 손에 넘겨져 인간의 심판을 통과하신 분이시다.

예수의 수난사 (26-27장)

마태오는 예수의 수난에 대한 이야기에서 마르코 복음서의 선례先例를 따른다. 그러나 그는 예수의 수난과 죽음에 고유한 의미를 부여한다. 마태오는 이미 수난에서 예수의 월등함을 강조한다. 여기서 그의 말씀이 실현된다. 예수께서는 자발적으로 십자가의 길을 가신다. 마태오는 예수의 수난을 구약성서의 배경하에서 이해한다. 예수께서는 하느님께서 이스라엘의 열두 지파에게 새로운 시작을 가능하게 하라고 보내신 목자이시다. 그러나 즈가리야 예언서에서처럼 자기들 이익만 생각하는 "양 장사꾼들"은 목자를 삼십 세겔을 주고 없애 버린다(즈가 11,4-14 참조). 즈가리야 예언서에 씌어 있듯이, 양들도 그들의 목자를 지켜워할 것이다. 지금까지 예수께 매료되었던 백성은 이제 지도자 집단인 율법학자들과 바리사이들에게 돌아선다(참조: Limbeck 280 이하; Schweizer 316 이하). 마태오가 예수의 수난과 부활을 어떻게 이해하는가는 그의 선례인 마르코 복음 본문을 확대하고 보완하는 곳에서 파악할 수 있다. 나는 수난사의 해석에서 마태오의 고유한 본문들에 한정하고 싶다. 왜냐하면 이 복음서 저자가 죽음과 부활을 통한 예수의 길을 어떻게 보고 해석했는지 그의 고유한 본문들에서 가장 잘 드러나기 때문이다.

수난사의 도입이 벌써 마태오의 입장을 선명하게 드러내 준다. "그리고 이런 일이 일어났다. 예수께서 이 말씀들을 모두 마치고 나서 당신 제자들에게 말씀하셨다"(26,1; Grundmann의 번역). 예수께서는 다섯 개의 커다란 설교를 모두 마치셨다. 이제 하셔야 할 말씀은 모두 하신 것이다. 이 설교들을 들은 사람들과 읽은 사람들은 예수의 가르침을 따르기로 결정하라는 요청을 받는다. 이제 당신 설교에서 보여 주셨던 그 길을 예수 자신이 가시는 커다란 수난 사건이 벌어진다. 예수 자신이 당신의 모든 말씀을 어떻게 실천하시는지 죽음과 부활에서 보여 주실 것이다. 그분은 가르치신 것을 삶으로 보여 주시는 스승이시다. 그분은 폭력 없이 죽음을 향해 갈 것이고, 아버지의 뜻에 순명하실 것이다. 예수께서는 산상설교에서 당신 제자들에게 요구하셨듯이 죽어 가는 십자가 상에서도 원수들을 사랑하실 것이다. 예수의 말씀을 따를 수 없는 사람은 그분의 본보기를 보고 그분의 가르침을 받아들이라는 요청을 받게 될 것이다.

마태오는 최후 만찬 묘사에서 마르코 복음서의 말씀들을 전수하지만 더 전례적인 용어로 표현한다. 마태오가 자기 공동체의 전례를 끌어온다는 것을 알 수 있다. 마르코와 결정적으로 다른 차이점은 잔의 의미에 대한 해석이다. "죄를 용서해 주려고 많은 사람을 위해 쏟는 내 계약의 피입니다"(26,28). 마르코 복음서에는 단지 이렇게 씌어 있다. "많은 사람을 위해 쏟는"(마르 14,24). 즉, 마태오는 예수의 죽음과 성체성사를 죄의 용서와 연결시킨다. 마태오는 여기서 파스카 피의 속죄 효과를 생각하고 있다. 파스카 양은 이스라엘 사람들의 속죄를 위해 피 흘린다. 죄 용서의 완성은 예수의 죽음에서 가시화可視化된다. 그러나 모든 성체성사에서 이 용서는 성찬에 참여하는 사람들에게 약속되고 예수의 피로 전달되어, 그들이 자신의 죄까지도 포함하여 조건 없이 받아들여졌다는 것을 실감나게 경험할 수 있게 된다.

그리스도교 신학의 역사에서 예수의 죽음은 종종 우리 죄를 위한 속죄로만 이해되었다. 많은 사람들은 예수의 죽음과 죄의 용서를 연결하는 것을 이해하기 힘들어 한다. 마태오는 이미 생전의 예수를 인간에게 죄를 용서해 주시는 분으로 묘사했다. 즉, 용서는 그분의 죽음과 연결된 것이 아니다. 그러나 예수께서는 당신의 죽음을 파스카 양의 이미지와 연결하심으로써, 당신의 죽음에서 하느님의 용서하시는 사랑이 정점에 도달했음을 표현하신다. 예수께서는 죽음에서도 당신의 사랑을 잃지 않으신다. 그분은 당신의 사랑에서 살인자들까지도 제외시키지 않으신다. 그분은 죽음에서 당신 자신을 제자들에게 내주셔서, 그들이 항상 그분의 사랑을 믿고, 그 용서하시는 사랑을 그들 실존의 근거로 실감나게 체험해도 된다는 것을 성체성사에서 표현한다.

마태오는 게쎄마니 동산 장면에서 예수를 믿는 이들의 모범으로 묘사한다. 마태오는 예수의 두 번째 기도에서 「주님의 기도」 중 셋째 청원과 똑같은 말씀을 전해 준다. "아버지의 뜻이 이루어지게 하소서"(26,42). 예수께서는 제자들에게 가르치신 것을 수난에서 몸소 실현하신다. 그분은 하느님의 뜻을 받아들이신다. 그분은 아들로서 아버지께 순명하신다. 아버지의 뜻이 그를 두렵게 하고 슬픔에 빠뜨려도, 그것이 그분 자신과 인간을 위한 구원의 길이라는 신뢰심으로 그 뜻을 받아들이려고 노력한다. 「주님의 기도」는 산상설교의 중심이다. 그리고 하느님 뜻에 대한 청원은 「주님의 기도」의 중심이다. 이렇게 게쎄마니 동산의 기도에서 분명해지는 것은, 예수께서 당신 수난에서 산상설교를 실현하신다는 사실이다. 그분은 산상설교를 제자들을 위해서 선포하셨을 뿐 아니라 당신 삶을 통해서 아버지께 가는 길로 완성하셨다. 예수께서는 힘겨운 기도 중에 제자들과의 공동체를 찾으신다. 그분은 「주님의 기도」의 핵심 청원을 삶에서 연습하도록 제자들을 도와주신다.

마태오는 예수의 체포 장면을 마르코와 흡사하게 묘사하지만, 중요한 구절을 첨부한다. 예수께서는 칼을 꺼내 드는 베드로를 만류하신다. "칼을 도로 꽂으시오. 칼을 잡는 자는 칼로 망하는 법입니다"(26,52). 예수께서는 여기서 산상설교에서 선포하셨던 비폭력의 본보기가 되신다. 그분은 보복을 포기하시고, 방어하지 않고 폭력이 행해지도록 놔두신다. 그분은 비폭력의 마지막 근거를 알려 주신다. 그분은 하느님의 보호 안에 있음을 아신다. 하느님의 천사가 그분을 감싸 준다. 천사들에게 그분을 위해 싸우게 해 달라고 하느님께 청할 수 있지만, 그것을 포기하신다. 그분은 하느님의 천사들이 보호하고 있어서 죽음을 불러오는 외적인 폭력이 결국 자신을 해칠 수 없다는 것을 아신다. 유다의 종말 이야기는 마태오만 전한다. 그가 이 이야기를 전하는 데도 의도가 있다. 마태오는 최고의회의 심문 다음에 베드로가 스승을 부인하는 이야기를 배치하고, 사형 결의 다음에는 유다의 철회와 자기 심판 이야기를 배치한다. 유다는 오류를 범했고 무죄한 분을 배신했음을 알게 되었다. 유다가 예수의 무죄를 고백한 다음에 심문이 다시 열려야 하는 것이 정상이다. 그러나 대사제들과 원로들은 유다의 고백을 무시한다. 그들은 심문을 새로 시작하기를 거부한다. 그럼으로써 그들은 유다교 법을 거슬러 처신한다. 유다는 자기 행위를 되돌리기 위해서 배신의 대가로 받은 돈을 성전에 내던지지만, 소용이 없다. 그래서 물러가 목을 맨다. 대사제들은 돈을 가지고 가서 법적으로 하자 없이 행동한다. 그것은 피의 값으로서 불결한 돈이기 때문에 그들은 그 돈으로 이방인들, 즉 불결한 사람들을 위해서 묘지로 쓰려고 밭을 산다. 마태오는 이 사건을 다가오는 구원의 표시로 밭을 산 예레미야 예언자를 가리키면서 해석한다. 이렇게 예수의 불의한 죽음은 이방인들에게 구원의 샘이 될 것이다.

마태오는 유다를 호의적으로 묘사한다. 배신자까지도 예수의 무죄를 증거하지만, 대사제들은 그 증거를 받아들이지 않는다. 이 장면이 역사적으로 그리스도인과 유다교인의 관계에 끼친 영향은 참혹하다. 예수의 죽음에 대한 책임이 모든 유다인에게 돌아갔고, 그들은 집단적으로 배신자로 낙인찍혔다. 그래서 유다의 실패와 예수의 실패를 함께 보는 마태오의 근원적인 진술 의도를 인식하는 것이 중요하다. 유다는 의심과 실망 때문에 실패했고, 예수께서는 죽음에서도 자신을 잡아 주시는 아버지에 대한 신뢰 안에서 실패했다. 베드로는 유다와 마찬가지로 자기 주님을 배신하지만, 그는 배신하고 난 다음 후회의 눈물을 흘린다. 베드로는 무력감 속에서 자신을 하느님의 자비에 맡겨 드린다. 그와 반대로 유다는 자기의 배신을 스스로 만회하고 싶었다. 그는 자신을 하느님의 손에 내드리지 않고 스스로 손을 쓴다. 자신을 하느님의 자비로운 심판에 맡겨 드리는 대신에 스스로 자기 자신을 심판한다. 마태오는 이렇게 실패한 경우에 베드로처럼 자신을 하느님의 자비에 맡겨 드리라고 독자들에게 경고하고자 한다.

마태오는 빌라도의 심문 이야기에서 마르코의 보도에 두 가지 작은 부분을 첨부했다. 첫째 내용은 빌라도 부인의 개입이다. 그녀는 밤에 꿈을 꾸었는데,

꿈에서 예수의 무죄를 깨닫게 되었다. 그래서 그 부인은 남편에게 충고한다. "당신은 그 의인에게 아무 상관도 하지 말아요. 내가 오늘 꿈에 그 사람 때문에 많은 고생을 했어요"(27,19). 마태오는 여기서 고대에 널리 유포되어 있던 동인動因을 취한다. 카이사르의 부인은 남편에게 피살을 주의하라고 경고한다. 꿈은 마태오에게 하느님의 계시다. 예수가 태어나리라는 것을 요셉은 꿈에서 알게 되었다. 그분의 죽음은 한 부인의 꿈을 통해 의인의 죽음으로 밝혀진다. 꿈속에서 하느님을 뵌 마법사들이(2,12) 유다인 왕의 탄생을 고백하듯이, 예수의 죽음에서는 또다시 한 이방 여인이 꿈을 근거로 그리스도를 증거한다. 하느님께서는 바로 그분을 아직 알지 못하는 이방인들을 위해서 계시다. 하느님께서는 꿈을 통해서 예수 그리스도의 의미를 이방인들에게 계시하신다.

부인의 꿈은 빌라도가 예수를 군중에게 넘겨주는 것을 막지 못한다. 그러나 빌라도는 자기가 결백하다고 맹세한다. 그 표시로 그는 손을 씻는다. 이 몸짓을 보자 온 백성은 숙명적인 말을 외친다. "그의 피는 우리와 우리 자손들이 책임질 것입니다"(27,25). 이 문장도 역사적으로 불행하기 이를 데 없는 흔적을 남겼다. 이 문장은 계속해서 반유다이즘에 대한 논거로 이용되었다. 그러나 마태오는 다른 무엇인가를 말하고자 한다. 지도자들뿐 아니라 온 백성이 예수의 죽음을 책임져야 한다고 마태오는 말하려는 것이다. 유다교 전통에서 이 문장은 백성의 결백을 맹세함을 뜻한다. 그렇기 때문에 예수의 피는 백성 위에 흐를 수 있다. 그러나 동시에 마태오는 이 문장으로 메시아를 거부하고, 그럼으로써 하느님 앞에 죄를 짓는 백성의 몽매함을 표현하고자 한다.

예수의 피가 지니는 진정한 의미는 죄의 용서를 위해 흘린다는 데 있다. 용서는 이스라엘 백성에게도 해당된다. 마태오는 70년에 예루살렘이 로마에 멸망한 것이 백성의 죄에 대한 하느님의 심판이었다고 확신한다. 그는 이스라엘 백성이 메시아이신 예수께 돌아오게 하기 위하여 복음서를 쓴다. 그러면 이스라엘도 예수께서 십자가 상의 죽음을 통해 모든 사람들에게 주신 구원에 참여하게 될 것이다. 현양되신 주님께서는 모든 민족들을 당신의 제자로 만들라고 제자들을 온 민족에게, 유다인들에게도 파견하신다. 예수를 믿는 사람들은 하느님의 참된 백성이 될 것이고, 그럼으로써 이스라엘 백성에게 주어졌던 약속이 실현될 것이다. 마태오가 이스라엘 백성의 태도를 아무리 비판한다 해도 예수와 유다교의 연관성 및 회당과 교회의 연속성을 강조하는 것에 대해 그보다 더 관심을 가졌던 복음서 저자는 없다.

마태오는 십자가 처형에 대한 묘사에서 매우 정확하게 마르코를 따른다. 그러나 지나가는 행인들이 십자가에 달리신 예수를 모욕하는 말들은 의도적으로 4장 1-11절의 유혹사화를 배경에 두고 구성한다. 사탄과 마찬가지로 모욕자들은 예수께 빈정댄다. "네가 하느님의 아들이거든 너 자신이나 구하거라. 십자가에서 내려오려무나"(27,40). 예수께서 당신 현존재의 근본적인 유혹을 극복하시는지 아닌지, 자신의 아들 자격을 최대한 이용하는지 아니면 아들로서 깊은 신뢰심을 가지고 자신을 하느님 아버지께 맡겨 드리는지 십자가 상에서 결판난다. 대사제들과 율법학자들 그리고 원로들은 예수께 시편 22장 9절을 들먹이면서 신뢰라는 주제를 거론한다. "하느님을 신뢰했으렸다? 부디 지금 구해 주십사고 하시지"(27,43). 시편 22장 9절에는 "신뢰하다"라는 단어가 없다. 그것은 마태오가 의도적으로 지혜서에서 따온 것이다(지혜 2,17-20). 그것은 마태오가 신뢰라는 주제를 얼마나 중시하는가를 보여 준다. 예수께서 당신의 아버지 하느님을 신뢰하는지 아니면 4장 1-11절의 유혹사화에서처럼 자신에게 기적적인 행위를 강요하려고 하는지 십자가 상에서 판가름난다.

 예수께서 참으로 하느님의 아들이시라는 것이 십자가 상에서 증명된다. 언뜻 하느님으로부터 버림받은 듯 보이는 그곳, 하느님의 기적적인 개입이라고는 전혀 보이지 않는 바로 그곳에서 그분은 깊은 신뢰를 가지고 하느님 아버지께 기도하신다. 극단적인 무력감 속에서도, 버림받은 상황에서도, 메시아로서 실패한 상태에서도, 강력해 보이고 자기들 하느님에 대해서 강한 확신을 가지고 있는 모욕자들 아래의 고독함 속에서도 예수께서는 깊은 신뢰심으로 아버지께 향하신다. "나의 하느님, 나의 하느님, 어찌하여 나를 버리셨습니까?"(27,46). 예수께서는 죽음에서도 당신 아버지께 대한 신뢰를 잃지 않으신다. 그분은 십자가 상에서 하느님의 아들이심을 분명히 보여 주신다. 이것이 마태오가 보여 주는 그리스도 상의 핵심이다. 예수께서는 하느님의 아들이시지만, 모욕자들이 상상하는 것과는 다르다. 그분은 죽어 가는 중에도 아버지를 꼭 잡으신다. 아버지께서 아들의 죽음을 변모시키리라고 믿으신다.

예수께서는 분명 시편 22장 중에서 1절만이 아니라 무한한 신뢰를 노래하는 전체 시편을 기도하셨을 것이다. "내가 괴로워 울부짖을 때 '귀찮다, 성가시다' 외면하지 않으시고 탄원하는 소리 들어 주셨다. 큰 회중 가운데서 내가 주를 찬송함도 주께서 주심이니, 주를 경외하는 무리 앞에서 나의 서원 지키리라"(시편 22,24-25). 예수께서 보여 주시는 신뢰는 바로 고독과 무기력의 경험에서, 어둠과 죽음의 경험에서 확증된다. 예수의 아버지께서는 우리가 죽거나 버림받는 것을 막아 주시지 않고, 죽거나 혼자이거나 불안할 때 우리를 당신 손으로 잡아 주신다. 이렇게 예수께서는 죽음의 외침에서 「주님의 기도」와 게쎄마니 동산의 기도에서 하셨던 "당신의 뜻이 이루어지소서"라는 청원기도를 완성하신다.

십자가 주변에 서 있던 사람들은 예수께서 외치는 기도를 엘리야를 부르는 것으로 알아듣는다. 유다인인 핀카스 라피데Pinchas Lapide에게 이것은, 예수께서 시편 22장 전체를 십자가 상에서 기도하셨다는 확실한 증거다. 왜냐하면 시편 22장 첫 구절만 듣고 어떤 유다인도 십자가 주변에 서 있던 사람들처럼 그렇게 알아듣지는 않을 것이기 때문이다. 그러나 22장 10절에는 이렇게 씌어 있다. "날 때부터 이 몸은 당신께 맡겨진 몸, 당신은 모태에서부터 나의 하느님이시옵니다." "당신은 나의 하느님이십니다"는 히브리어로 *Eli atta!*(엘리 아타)다. 이 말은 충분히 이렇게 들릴 수 있다. *Elia ta!*(엘리아 타 = "엘리야, 오십시오!": Lapide 99). 라피데는 예수께서 십자가 상에서 시편 22장 전체를 기도하셨다는 또 다른 근거를 제시한다. 마태오는 예수께서 하신 죽음의 외침 앞에 다음과 같은 도입 문장을 첨부한다. *phone megale legon*(포네 메갈레

레곤 = "그는 큰 소리로 외쳤다"). *legon*(레곤)은 신심 깊은 유다인에게 항상 "그는 시편을 재인용했다"라는 뜻이다. 한 시편의 첫 구절은 늘 시편 전체를 가리킨다(Lapide 90 참조).

예수께서 시편 22장 전체를 십자가 상에서 재인용하셨다고 상상하면, 그분 죽음의 신비가 새롭게 다가온다. 십자가 상에서 예수께서는 모든 어려움과 고통을 하느님께 내드렸지만 하느님을 꼭 잡으셨다. 주변에 있던 사람들 중 한 사람이 그분께 식초를 마시게 한 다음, 예수께서는 다시 한 번 큰 소리로 외치고 숨을 거두신다. 십자가에 못 박힌 사람들은 보통 목소리를 내지 못하고 숨을 거둔다. 예수께서 큰 소리로 외치고 죽으셨다면 그것은 특별한 의미가 있는 것이다. 즉, 그것은 승리의 외침이요, 예수께서 온 세상에게 하느님 아들의 죽음을 전하는 외침이다. 그리고 예수께서는 당신의 영을 하느님 손에 넘겨드린다. 신뢰하고 순종하는 아들로서 자신을 아버지께 돌려드린다.

마태오는 예수의 죽음에 대한 반응을 새롭게 구성한다. 마르코와 마찬가지로 그는 성전 휘장이 찢어졌다고 보도한다. 이제 모든 사람들에게 지성소가 열려 있다. 하지만 그다음 마태오는 묵시문학적인 언어로 기이한 사건에 대하여 묘사한다. "땅이 흔들리고 바위들이 갈라졌다. 동시에 무덤들이 열리며 잠들었던 많은 성인들의 몸이 일으켜졌다. 예수께서 부활하신 다음에 그들은 무덤에서 나와 거룩한 도성에 들어가 많은 사람에게 나타났다"(27,51-53). 마태오는 이 묵시문학적인 본문에서 고대에 널리 유포되어 있던 동인動因, 즉 유명한 사람들이 죽을 때 그 사람의 의미를 밝혀 주는 특별한 사건이 발생한다는 동인을 취한다. 이렇게 마태오도 이런 사건들을 통하여 예수의 죽음이 내포하는 의미를 묘사한다. 예수를 통해서 죽음의 힘이 꺾였다. 죽은 사람들이 부활하여 그들의 무덤을 떠난다.

예수의 죽음은 우주적인 차원에서도 영향을 미친다. 지진이 일어나고 바위들이 갈라진다. 예수의 죽음을 통해 그분의 사랑이 우주의 중심에 뿌려진다. 그리스도의 사랑이 닿지 않는 곳은 더 이상 아무 곳도 없다. 예수의 죽음은 세상을 뒤흔든다. 그것은 "세상을 뒤집는 사건"이다(Schweizer 338). 이 사건을 보는 모든 사람들은 생명의 힘으로 둘러싸일 것이고 죽음의 영역을 떠날 것이다. 그 본문은 에제키엘 예언자가 환시에서 묘사했던(37,1-14) 죽은 뼈들의 부활도 염두에 두었을 수 있다. 예수께서 죽으실 때 당신의 영을 날숨처럼 불어내셨다면 (혹은 하느님께 넘겨드렸다면) 그것은 죽은 뼈들을 다시 살리는 하느님의 영 자체다. 에제키엘서 37장 12절에 이렇게 씌어 있다. "주 야훼가 말한다. 나 이제 무덤을 열고 내 백성이었던 너희를 그 무덤에서 끌어 올려 이스라엘 고국 땅으로 데리고 가리라." 이스라엘 백성은 예수를 죽음에 넘겨주었다. 그러나 예수의 죽음은 모든 민족들에게, 이스라엘 백성에게도 구원의 약이 되었다. 그분의 죽음은 죽은 선조들과 예언자들을 무덤에서 불러내어 참된 이스라엘로, 하느님의 아들이신 그리스도께서 세우신 이스라엘로 데리고 간다.

마르코 복음에서는 백인대장이, 예수께서 하느님의 아들이시라고 고백한다. 마태오 복음에서는 백인대장과 예수를 지키고 있던 이들이, 예수께서 하느님 아들이심을 고백하는 이방인들의 대표자들이다. 예수의 죽음으로 인해 발생한 사건에 대한 그들의 반응은 떨림이다. 떨림은 두려움이 아니라, 하느님에게 사로잡힘이다. 하느님께서는 예수의 죽음과 우주적인 진동에서 예수를 따르는 사람들의 뼛속까지 침투하신다. 그들은 존재 전체로 고백한다. "참으로 이분은 하느님의 아드님이셨다"(27,54).

마르코처럼 마태오 역시 십자가의 길을 따라오며 멀리서 지켜보던 여인들에 대하여 보도한다. 그들은 남자들과 같이 예수의 제자들이고 갈릴래아에서부터 그분을 따라왔다. 그들은 또한 아리마태아 출신

요셉이 예수의 시신을 새 무덤에 안치할 때에도 곁에 있었다. 시신 안치가 끝난 다음 마태오 복음서에는 의미심장한 문장이 이어진다. "막달라 여자 마리아와 다른 마리아가 거기 무덤 맞은쪽에 앉아 있었다"(27,61). 그들은 예수의 무덤을 지키고 있다. 상중에 예수 곁에 앉아 있다. 유다인들은 항상 앉아서 장례를 거행한다. 두 여인은 잔혹한 사건을 보고 도주하지 않고 변함없이 예수를 지키고 있다. 그들은 예수를 사랑하기 때문에 그의 곁에 머물러 있다. 무덤 앞에서 말없이 앉아서 슬픈 마음을 간직한 채 이해할 수 없는 사건을 묵상하는 것, 이것이 그들의 죽음을 넘어선 사랑의 표현이다.

그다음에 마태오 복음에는 무덤을 지키는 이야기가 나온다. 안식일에 (따라서 안식일법을 지키지 않고) 대사제들과 바리사이들은 빌라도에게 가서 무덤을 지킬 것을 요구한다. 예수께서 부활할 수도 있다는 것을 그들은 두려워한다. 마태오는 이 장면을 이용하여 예수의 부활을 강조하려 한다. 그는 예수의 시신을 훔쳐 갔다는 유다인들의 비난으로부터 자신을 방어해야만 했던 것 같다. 마태오가 예수의 시신 도난에 대한 유다인들의 주장을 반박하는 방식은 매우 풍자적이다. 예수를 적대시하는 사람들은 자기들도 모르게 부활의 선포자들이 된다. 그들은 끝에 가서 사기당한 사기꾼들이 된다. 따라서 마태오가 이 장면(27,62-66)을 이용하여 말하고자 하는 것은 부활에 대한 역사적인 확증 이상이다. 그는 부활의 신비가 상징들을 통해 드러나게 하고자 한다. 즉, 예수의 부활을 반대하고 폐쇄적인 사람까지도 결국 "참으로 예수께서 부활하셨습니다"라고 고백해야만 한다.

우리 안에도 부활에 대한 의심이 있음을 우리는 안다. 마태오는 이것을 말하는 것이다. 그러나 우리가 비록 부활을 우리의 논거를 이용하여 불가능한 것으로 만들고 싶어도, 우리는 결국 부활의 복음이 우리 안에서도 다음과 같은 문장, 어떤 유다교 랍비가 하느님을 의심하는 사람에게 말한 그 문장을 떠오르게 한다고 고백해야만 한다. "하지만 그것은 참일 것이다!"

예수의 부활(28,1-15)

마태오는 마르코의 부활 보도를 바꾼다. 마르코 복음서에 의하면 여인들이 예수의 시신에 기름을 바르기 위해 주간 첫날 이른 아침에 무덤으로 간다. 그와 반대로 마태오는 막달라 여자 마리아와 다른 마리아가 이미 안식일이 저물었을 때 "무덤을 보기 위해"(28,1) 간 것에서 출발한다. 그리스어 *theoresai*(테오레사이)를 사용했는데, 이 단어는 "본다"를 뜻하지만 "묵상한다"를 뜻하기도 한다. 여인들은 일어난 사건에 대하여 깊이 생각하고, 그것을 받아들이고자 하는 것이다. 그들은 그토록 사랑했던 예수 곁에 있고 싶었다. 그들은 밤새도록 예수의 시신을 지키며 그분 곁에 있을 정도로 용감하다(Grundmann 568 참조). 그런데 "갑자기 큰 지진이 일어났다. 주님의 천사가 하늘에서 내려오더니 다가가 돌을 굴려내고 올라앉았기 때문이다"(28,2). 여인들은 부활하신 분을 보지 못하고 외적인 것만 보지만, 부활의 순간을 함께 체험한다. 부활 사건을 일으키는 것은 주님의 천사다. 천사는 예수의 탄생 때와 마찬가지로 부활 때에도 똑같은 말로 묘사된다. *angelos kyriou*(앙겔로스 키리우 = 주님의 천사). 하지만 마태오에게서 천사는 하느님의 뜻을 전하는 천사일 뿐 아니라 적극적으로 행동하는 하느님의 사자使者이기도 하다. 그는 무덤에서 돌을 치운다.

마태오가 천사의 활동을 묘사하는 모든 단어들은 예수 부활의 신비를 상징할 뿐 아니라 우리 자신의 부활도 상징한다. 이 부활은 죽음 다음에 이루어질 부활만이 아니라 항상 지금 여기서 이루어지는 부활도 말한다. 천사가 내 삶에 나타나 나를 가로막고 방해하고 있는 돌, 내 위에 놓여 있고 삶을 짓누르고 있는 돌을 치우면 내 안에는 무엇인가 움직이기 시작한다. 그러면 부활은 가능하다.

마태오는 무덤지기라는 동인動因을 다시 택한다. 그들은 두려워서 떨기 시작하고 죽은 사람들처럼 땅바닥에 쓰러진다. 마태오는 부활을 직접적으로 묘사하지는 않지만, 여인들 눈에 비친 부활의 반사 현상에 대하여 기술한다. 무덤지기들이 두려워 덜덜 떠는 것은 우리에게 부활을 보여 주는 반영이다. 무덤지기들은 예수의 무덤 앞에만 있지 않고 우리의 영혼 안에도 있다. 그들은 모든 것이 과거 모습 그대로 머물러 있는지, 우리의 참 자기가 무덤에 묻힌 상태로 머물러 있는지, 우리 안의 진정한 인간이 부활하지 않는지 주시하는 파수꾼들이다. 무덤 경비병들에게 우리의 진정한 자기는 두려움과 슬픔의 무덤 속에 묶인 채 잠자코 있어야 한다.

마태오는 부활의 반사 현상으로서 두 가지를 말한다. 그것은 지진과 돌을 굴려내는 현상에서 드러나는 천사의 등장과 무덤지기들의 쓰러짐이다. 그리스도께서 우리 안에 부활하시어 우리를 일으켜 세우시면 그것은 삶에서도 드러날 것이다. 즉, 우리의 삶은 활기에 찰 것이고 자유로울 것이다. 우리는 더 이상 삶을 방해하는 돌에게 막혀 있지 않을 것이고, 무덤 경비병들이 우리를 옭아매고 규정하도록 놔두지 않고 자신의 두 발로 일어설 것이다.

돌을 굴려내고 그 위에 앉아 있는 천사는 이제 예수의 부활을 설명해 주는 천사가 된다. 그는 여인들에게 말한다. "겁내지 마시오. 나는 당신들이 십자가에 처형되신 예수를 찾고 있는 줄 알고 있소. 그분은 여기 계시지 않소. 말씀하신 대로 부활하셨소. 와서 그분이 누우셨던 곳을 보시오"(28,5-6). 천사는 무덤을 자세히 보고 그의 메시지를 믿으라고 두 여인을 초대한다. 여인들은 부활을 눈으로 관찰할 수는 없었지만 그 결과만은 볼 수 있었다. 그다음 천사는 그들에게 예수의 제자들에게 가서 부활의 메시지를 전하라고 위탁한다. 마르코 복음에서는 여인들이 공포에 질려 도망간다. 마태오는 여인들이 큰 기쁨을 가지고 제자들에게 돌아간 것을 강조한다. 그러나 그 기쁨에는 동시에 떨림도 섞여 있다. 보고 들은 것이 그들 가슴 깊은 곳까지 닿았다. 그들은 내적으로 깊은 감동을 받았다.

마르코가 여인들이 무덤에서 도망치는 것으로 끝내는 데 비해, 마태오는 예수께서 여인들에게 나타나신 것을 묘사한다. 길을 가는 중에 예수께서 여인들에게 마주 오시며 인사하신다. 그들은 예수께 다가가서 그분 앞에 엎드려 그분의 발을 붙잡는다. 여인들은 예수께 절을 하며 경배를 드린다. 예수께서는 천사와 거의 비슷한 말을 여인들에게 하신다. "겁내지 마시오. 가서 내 형제들에게, 갈릴래아로 떠나가면 거기서 나를 볼 것이라고 알리시오"(28,10). 천사와는 달리 예수께서는 여기서 당신 제자들을 형제라고 부른다. 그분의 죽음과 부활을 통해 제자들은 형제와 자매가 되었다. 그들의 배신과 비겁한 도주는 용서된 것이다.

부활하신 분을 만났고 부활의 소식으로 형제들의 믿음을 얻어 낸 여인들과는 반대로 무덤 경비병들은 "일어난 모든 일"(28,11)을 대사제들에게 보고한다. 그러나 이스라엘의 대표자들은 보고를 믿지 않는다. 로마 병사들은 부활의 선포자가 되지만 유다인들은 그들의 말을 믿지 않는다. 그들은 오히려 예수의 제자들이 시신을 훔쳐 갔다고 거짓말을 하도록 로마 군인들을 돈으로 매수하자고 합의한다. 이 장면은 풍자적이다. 군인들은 모든 것을 "지시받은 대로"(28,15) 한다. 그리스어로는 이렇게 표현되어 있다. "그들이 교사받은 대로." 예수의 제자들처럼 그들도 가르침을 받았지만, 잘못된 가르침을 받았다. 그리고 그들은 오늘날까지도 이 거짓 가르침을 유포하고 있다. 이렇게 마태오는 과거와 현재를 연결시킨다.

오늘날 우리도 역시 마태오가 전하는 예수 부활에 대한 복음과 우리를 가르치려는 잘못된 가르침 사이에서 혼란을 겪는다. 잘못된 가르침에 의하면 예수의 부활은 오직 상징적으로만 이해될 수 있고, 예수의 일이 계속된다는 것 외에 다른 의미는 없다. 마태오는 부활의 역사적 실제를 믿도록 우리를 초대하고자 한다. 부활은 일어났다. 부활하신 분은 여인들에게 나타났다. 그러나 부활과 부활하신 분에 대한 믿음은 그 당시 발생한 정확한 사실들을 목표로 삼지 않는다. 왜냐하면 사람은 사실로만 살 수 없기 때문이다. 마태오는 사실의 의미를 설명하고 시야를 앞으로 돌린다. 예수의 부활과 부활하신 주님에 대한 믿음은 오늘 우리 삶에 영향을 준다. 이 믿음은 우리가 실제로 어떤 일이 발생했는가에 대한 도움 안 되는 토론을 통해 과거로 퇴보하지 않도록 우리를 움직인다. 부활하신 분은 우리에게 소임을 주신다. 부활에 대한 믿음은 우리 삶에서 드러나야 한다. 그것은 마태오 복음서의 마지막 장면에서 분명해진다.

부활하신 분의 위탁 (28,16-20)

이 마지막 장면에서 마태오 복음서는 절정에 이른다. 마태오가 자기 복음서를 통해 우리에게 전하고자 하는 메시지는 여기서 몇 마디 말씀으로 요약된다. 그것은 부활하신 분께서 우리 곁에 계시다는 것, 그분은 언제나 우리와 함께 가신다는 것, 교회는 부활을 온 세상에 전파해야 한다는 것이다. 교회는 예수께서 하시던 일의 연속이다. 현양되신 분 자신이 교회 안에 현존하신다. 그러나 부활하신 분은 교회에 의해 점유되지 않는다. 그분은 모든 사람들을 예수의 제자로 만들고 삼위일체이신 하느님의 이름으로 세례를 주도록 제자들을 온 세상에 파견하는 주님이시다.

제자들은 여인들이 전해 준 예수의 말씀에 귀 기울인다. 그들은 갈릴래아로 간다. 예수께서 알려 주신 산 위에서 제자들은 부활하신 분 앞에 엎드려 경배한다. "그러나 더러는 의심을 품었다"(28,17). 마태오는 오늘날도 다르지 않다는 것을 보여 주기 위해서 몇몇 제자의 의심을 언급한 것이다. 그러나 동시에 우리 생각에도 의심이 스며든다. 부활은 실제로 어떻게 이해될 수 있는가? 혹시 상상에 지나지 않는 건 아닌가? 우리가 보는 것을 믿어도 되는가? 오늘날에도 우리는 믿음과 의심 사이에서 흔들린다. 믿음이 하느님을 점유하지 못하도록 하기 위해서 그리고 예수와 그분의 부활에 대하여 너무 정확한 표상을 만들지 않도록 하기 위해서 믿음은 의심을 필요로 한다.

부활에서 결정적인 것은 예수의 자기 진술이라고 마태오는 생각한다. "나는 하늘과 땅의 모든 권능을 받았습니다. 그러므로 그대들은 가서 모든 민족을 제자로 삼아, 아버지와 아들과 성령의 이름으로 세례를 베풀고, 내가 그대들에게 명한 것을 다 지키도록 가르치시오. 보시오, 나는 세상 끝날까지 항상 그대들과 함께 있습니다"(28,18-20). 예수는 모든 권능을 받았다. 그분은 죄를 용서하고 병자를 치유할 전권을 받았다. 그분은 사람의 아들로서 하늘의 구름을 타고 오셔서 온 세상에 당신의 권능을 보여 주실 것이다. 비록 죽음에서 이 권능이 언뜻 무너진 것처럼 보이지만 진실로 하느님의 아들이신 예수께서는 이 세상의 주인이시고 왕이시다. 하느님 자신이 예수께 이 권능을 주셨다. 예수께서는 하느님의 위탁으로 이 권능을 행사하신다. 그분은 모든 사람들이 간절히 찾는 모든 주인들의 주인이시다. 그래서 제자들은 온 세상으로 나가서 모든 사람들을 예수의 제자로 만들어야 한다. 그것은 강요가 아니라 각 개인의 자유로운 선택으로 이루어진다. 예수께서는 많은 이들이 회개하고 세례를 받도록 하기 위해 당신의 복음을 전파하라고 우리에게 위탁하신다. 그분의 복음은 모든 사람들과 모든 민족들에게 유효하다. 제외되는 사람은 아무도 없다. 제한된 지역에서 전개되었지만 그분의 활동은 모든 세상에 영향을 미친다. 온 세상은 예수의 구원을 만나 변모되어야 한다.

예수께서 당신 제자들에게 요구하시는 것은 삼 단계다. 첫 단계는 제자들로 하여금 사람들을 예수의 제자로 만들도록 예수께서 당신 제자들을 파견하시는 데 있다. 그들은 마찬가지로 확신이 있어야 하고, 예수께서 하셨던 것과 같이 하느님 아버지에 대하여 확신에 찬 설교를 해야 한다. 제자들은 자신의 삶을 통해 예수 그리스도를 증거해야 하고, 예수께서 요청하셨을 뿐 아니라 당신 삶과 죽음을 통해 몸소 보여 주신 아버지 하느님께 대한 신뢰를 증거해야 한다. 사람들을 예수의 제자로 만든다는 것은 그들을 예수의 체험으로 안내하는 것을 의미한다고 나는 생각한다. 마태오에게 그것은 무엇보다도 신뢰의 체험과 하느님 자녀로서 가지는 자유의 체험이다. 그리고 그것은 교회의 체험, 즉 현양되신 예수 그리스도께서 모든 민족과 문화, 모든 종교와 종파에 속한 모든 사람들을 초대하시는 새로운 공동체의 체험이다.

 둘째 단계는 삼위일체이신 하느님의 이름으로 세례를 주는 것이다. 예수를 믿게 된 사람은 세례를 통해 삼위일체이신 하느님의 삶으로 안내되어야 한다. 그는 아버지와 아들과 성령의 이름으로 세례를 받는다. 즉, 그는 삼위일체 하느님께 맡겨진다. 그는 더 이상 인간에게 속하지 않고 하느님께 속한다. 세례에서 모든 사람은 아버지와 아들과 성령의 공동체에 받아들여진다. 그들은 하느님 안에서 그들도 하느님의 아들과 딸이라는 인간존재의 참된 존엄성을 경험하게 된다. 이 둘째 단계는 그리스도교의 신비 차원이라고 명할 수 있다. 예수의 제자들은 사람들을 하느님 체험, 즉 항상 우리를 위해 개방적이시고 우리를 향하시는 하느님 체험으로 안내해야 한다. 우리는 인간에 대하여 말하지 않으면서 하느님에 대하여 말할 수도 없고, 인간을 삼위일체이신 하느님의 공동체에 받아들여진 존재로 보지 않으면서 인간을 이해할 수도 없다.

셋째 단계는 계명을 준수하는 데 있다. 마태오에게 윤리적인 차원은 항상 믿음에 따라다닌다. 하느님을 체험하고, 하느님 안에 있고, 하느님의 구원하시는 친밀성을 느끼는 것만으로는 충분하지 않다. 예수께서 우리에게 명하신 모든 것을 따라갈 준비가 되어 있는 것도 믿음에 속한다. 예수께서는 우리가 깊은 신뢰를 가지고 기도하고 안정감을 느낄 수 있는 자비로우신 아버지만 알려 주신 것이 아니다. 그분은 오늘 우리를 위한 하느님의 뜻도 계시하셨고, 그 뜻을 행동으로 실천하라고 요청하신다. 이렇게 예수의 마지막 위탁에서 다시 한 번 마태오의 의도가 분명해진다. 마태오는 예수의 삶을 이야기함으로써 예수를 믿는 사람들을 얻고자 한다. 그는 교회 공동체에 들어와 세례를 통해 삼위일체이신 하느님 사랑을 체험하라고 그들을 초대하고자 한다. 마태오는 예수의 말씀에 따라 그들의 행동도 바꾸고 새로운 행동을 통하여 사람들에게 새로운 가능성을 주는 예수의 복음을 증거하라고 요청한다.

마태오는 예수의 약속으로 자기 복음서를 마친다. "보시오, 나는 세상 끝날까지 항상 그대들과 함께 있습니다"(28,20). 예수께서는 여기서 불타는 가시덤불에서 모세에게 하신 야훼의 약속을 말한다. "내가 너와 함께 있겠다"(출애 3,14). 예수께서는 이미 태어나기 전에 요셉에게 선포된 것처럼 임마누엘(= 하느님께서 우리와 함께 계시다)이다. 예수께서는 부활하신 분으로서 당신의 심부름꾼들을 동행하시고, 그들 자신 안에서 모든 민족들에게 오신다. 따라서 교회는 예수께서 하시는 일의 연속이고 확장이다. 교회 안에서 부활하신 분 자신이 사람들에게 가시고, 그들에게 삶을 위한 눈을 열어 주신다. 하지만 예수의 약속은 무엇보다도 제자들을 위한 위로의 말씀이다. 부활하신 분께서는 제자들에게 권능과 계명이지만, 또한 그들을 사랑하고 그들에게 자비로운 친밀성을 보여 주고 싶으신 분이기도 하다. 마태오는 복음서 전체에서 이 자비로우신 친밀성에 대하여 반복해서 말한다.

결론

오늘날 우리에게 마태오가 말할 수 있는 것은 무엇인가? 신비로운 요한 복음이나 예술적으로 묘사된 루가 복음이 더 끌리지 않는가? 무엇보다도 사람에 대한 우리의 처신과 관련된 예수의 가르침은 오늘날 오히려 방해가 되지 않는가? 그 가르침은 매우 도전적이다. 나는 예수의 복음에 대한 윤리적인 해석으로 인해 상처받은 많은 사람들을 알고 있다. 그래서 나는 많은 사람들이 마태오 복음을 힘겨워하는 것을 이해한다.

그러나 이 복음을 집중적으로 연구하면서 초대교회에서 매우 사랑받던 이 복음의 메시지가 우리 시대를 위해서도 얼마나 중요한지 깨닫게 되었다. 누구보다도 스위스 신학자 한스 큉Hans Küng이 오래 전부터 요청해 온 것처럼, 오늘날 우리는 전 세계인들에게 유효한 세계 윤리를 찾고 있다. 이 여정에서 마태오 복음은 중요한 공헌을 할 수 있다. 마태오는 유다교의 윤리적인 메시지와 그리스 철학의 배경하에서 예수의 윤리를 발전시킨다. 마태오 복음의 예수께서는 유다교 율법의 본래 의미를 풀이하고자 하신다. 그분은 당신의 가르침에서 우리를 위한 하느님의 뜻을 설명하신다. 여기서 예수께 관건이 되는 것은 문자의 윤리가 아니라 마음의 윤리다. 물론 단순한 신념상의 윤리가 아니라, 인간 사회에 유익하고 사람들을 서로 나누는 분열을 치유하는 구체적인 행동으로 표현되는 윤리가 관건이다. 바로 화해와 원수 사랑의 복음은 오늘날 정치적으로 매우 현실적인 의미를 지닌다. 적대감과 증오로 에너지를 낭비한다면 우리는 이 세상에서 살아남을 수 없다. 우리는 서로 의존해 있다. 그리고 조건 없는 사랑과 무한한 용서의 체험을 바탕으로 하느님의 화해를 이룩한다면, 우리가 항상 서로 용서할 마음의 준비가 되어 있다면, 우리는 살아남을 수 있다. 마태오 복음은 오늘날 공동체와 사회 그리고 민족공동체가 어떻게 성공할 수 있는지 가르쳐 주는 지침이다.

마태오는 다른 어떤 복음서 저자보다도 예수를 유다인으로 묘사했다. 구약성서가 하느님과 인간 사이의 계약에 대하여 말한 것과 당신 백성에게 하신 하느님의 약속에 대하여 말한 것이 예수에게서 실현되었다. 마태오에게 이스라엘 백성은 계속해서 모든 약속이 유효한 백성이다. 하지만 이스라엘의 진정한 연속은 교회다. 마태오는 자기 복음서를 유다인들이 예수를 믿도록 하기 위한 홍보 책자로 이해한다. 비록 바리사이들과 다수의 유다계 율법 해석에 대한 마태오의 비판적인 묘사가 유다교에 대한 비방으로 이어졌지만, 마태오 복음의 정확한 분석은 오늘날 유다인들과 그리스도인들 사이의 화해에 중요한 공헌을 할 수 있다. 만약 유다인들과 그리스도인들 사이에 있었던 수백 년 동안의 오해가 풀리고 새로운 이해와 상호 존중이 가능해진다면, 그것은 두 신앙 공동체 간의 화해보다 훨씬 더 넓은 세계의 화해를 위해 중요한 공헌이 될 수 있을 것이다.

그렇지만 마태오 복음의 윤리적인 차원에 대해서만 생각하는 것은 내게 너무 부족하다. 내게 진정한 복음은 영성적인 차원이다. 그것은 기도와 일의 불가분의 연관성뿐 아니라 하느님 체험과 새로운 행동의 불가분의 연관성에 대해서도 그렇다. 그러나 무엇보다도 마태오 복음의 중심 주제에 대해서도 그렇다. 우리는 하느님 아버지의 아들과 딸이고, 하늘의 아버지께 대한 신뢰가 마태오 복음의 핵심 주제다. 오늘날에는 두려움이 널리 퍼져 있다. 수많은 사람들이 두려움으로 인해 좌우되고 마비된다. 마태오 복음의 예수께서는 당신이 하느님께 깊이 신뢰하셨듯이, 우리가 그분의 자비로우신 손안에 있다고 용기를 북돋아 주고자 하신다. 물론 이 신뢰의 메시지는 하느님의 아들과 딸인 우리에게는 어떤 나쁜 일도 일어나지 않을 것처럼 말하는 설교자들의 순진함과는 거리가 멀다. 우리는 예수와 마찬가지로 고독, 박탈감, 불안, 두려움 그리고 죽음 앞의 무력감에 빠질 수 있다. 그러나 그럴 때조차 우리는 하느님의 따뜻한 손안에 있다.

나에게 마태오 복음의 중요한 메시지는 다음과 같다. "두려움이 아니라 신뢰를 바탕으로 사십시오! 당신은 이 여정에서 혼자가 아닙니다. 임마누엘, '하느님께서 우리와 함께 계시다' 이신 분으로서 그리스도께서 당신 곁에 계십니다. 당신이 베드로처럼 삶의 파도와 풍랑에 빠질 위험에 처하면 그분은 당신에게 다가오십니다. 당신의 소임이 너무 버거우면 그리스도께서는 당신과 함께 가십니다. 당신이 십자가에 매달려 더 이상 어떻게 해야 할지 모를 때에도 그분은 당신 곁에 계십니다."

마태오 복음이 이해하는 십자가는, 우리가 삶을 스스로 어렵게 만들어야 함을 의미하지 않는다. 그것은 신뢰의 훈련이고, 한 사람이 죽어 가면서 사랑하시는 아버지의 팔에 자신을 내맡기는 깊은 신뢰의 표시다. 십자가는 마태오에게 삶의 열쇠다. 십자가를 진다는 것은 불안에 차서 자신에게 매달려 있는 에고의 붕괴와 동일하다. 이 에고의 포기는 모든 종교의 신비주의에서 인간이 할 수 있는 깊은 하느님 체험을 위한 열쇠다. 자기 에고를 버리는 사람만이, 에고에 대한 경직된 집착을 포기하는 사람만이 하느님을 언제 어디서나 현존하시는 분으로 체험할 것이고, 온전히 순간에 존재하게 될 것이다. 그는 마태오가 이 영성적이고 신비적인 체험을 묘사하는 것처럼 "깨어 있을" 것이다.

참고 문헌

Eugen DREWERMANN, *Tiefenpsychologie und Exegese I und II*, Olten 1985~86.

Joachim GNILKA, *Das Matthäusevanglium I und II*, Freiburg 1986~88.

Walter GRUNDMANN, *Das Evangelium nach Matthäus*, Berlin 1968.

Pinchas LAPIDE, *Er wandelte nicht auf dem Meer. Ein jüdischer Theologe liest die Evangelien*, Gütersloh 1984.

Meinrad LIMBECK, *Matthäus-Evangelium*, Stuttgart 1986.

Ulrich LUZ, *Evangelium nach Matthäus I, II und III*, Zürich–Neukirchen 1985~95.

Bertram MOROS, *ThWNT* 837-52.

Rudolf SCHNACKENBURG, *Die Person Jesu Christi im Spiegel der vier Evangelien*, Freiburg 1993.

—, *Matthäusevangelium*, Würzburg 1985.

Eduard SCHWEIZER, *Das Evangelium nach Matthäus*, Göttingen 1973.

Hermann-Josef VENETZ, *So fing es mit der Kirche an. Ein Blick in das Neue Testament*, Zürich 1990.

Ken WILBER, *Einfach "Das"*, Frankfurt 2001.